子どもは「この場所」で襲われる

小宮信夫

Komiya Nobuo

小学館新書

はじめに

日本の防犯常識は、世界の非常識——こう言っても、ピンとこない方のほうが多いかもしれません。しかし、いまの日本の常識では、子どもを犯罪から守れないということを、まず知っていただきたいと思います。

学校の防犯教室では、いまだに「不審者はどうやって見分けるか」とか、「犯罪者に無理やり連れていかれそうになったらどうするか」といった、子どもに要求するには酷なことばかり教えています。いまどき「不審者」に見える犯罪者はいませんし、大人に連れ去られそうになったとき、子どもが抵抗するのは無理なだけでなく、極めて危険です。

では、どうしたらいいのか。

不審者・犯罪者といった「人」ではなく、犯罪が起きる「場所」に注目し、そうした場所をできるだけ避けて行動したり、自分自身で警戒レベルを上げることで犯罪から大きく遠ざかることができます。これが現在、世界の主流となっている最新の犯罪理論で、犯罪学の分野では「犯罪機会論」と呼ばれるものです。

と言っても、べつに難しいことではありません。詳しくは本文に譲りますが、犯罪者は「入りやすく、見えにくい」場所を好むという原則を理解し、こうした狙われやすい場所の見分け方を子どもに教えてあげればいいのです。

犯罪機会論は「場所」に注目することで、そこでの犯罪の可能性を予測します。「未来の犯罪を予測する」と言うと、「そんなことができるわけないじゃないか」という声が聞こえてきそうですが、それができるのです。

次ページの写真を見てください。

上の写真は犯罪機会論に従って、私が危険な場所と判断した景色を撮影したものです。ガードレールがないため、歩いている人を車から襲いやすく（＝入りやすく）、両側の壁が高く周囲に家がないため、人の視線が届かない「見えにくい」場所です。私は子どもの防犯教育に「地域安全マップづくり」を提唱していますが（本文第3章に詳述）、この写真はそのマップづくりで、「危険な通学路」として写したものでした。それから

4か月後、この場所を訪れてみると、下の写真のように、子どもが対象ではありませんが、ひったくり事件が起きていました。このことは、犯罪機会論が未来の犯罪を予測できることを証明しています。

私がこの犯罪機会論に出合ったのは、法務省での研究官の職を辞し、英国ケンブリッジ大学に留学したときのことでした。ここで犯罪研究先進国の最新の理論を知りました。それまで「人」に注目する「犯罪原因論」しか知らなかった私は、本当に目が開かれる思いをしたのです。その犯罪機会論を、専門知識がなくてもわかるように平易な言葉で解説したのが本書です。

特筆すべきは、本書は、これまでの研究成果から核心を抽出した「レシピ」と、講演とロングインタビューの内容を凝縮した「スパイス」からなる、ということです。その作業を担っていただいた岸川貴文さんと小学館の榊田一也さんに深く感謝いたします。言ってみれば、本書は、おふたりと私の共同作品のようなものです。

子どもを取り巻く環境は、決して楽観できるような状況にはありません。子どもが巻き込まれる犯罪は、これからも起こり続けるでしょう。私たちは遅れた犯罪理論から脱して、世界の主流となっている効果の高い理論を手に入れる必要があります。

これまでの防犯常識では子どもは守れません。本書を十分に活用してくださり、大切なお子さんの安全確保に役立てていただければ幸いです。

小宮信夫

子どもは「この場所」で襲われる ▒ 目次

第3章 子どもを守るためにあなたができること

年を脱走に向かわせる／環境で「心が変わる」／異分野にも応用できる犯罪機会論／「割れ窓理論」の原点は日本の交番／軽微な犯罪をなくせば重大な犯罪も減る／高い住民力が治安を守る／日本人における「ウチ」意識

おわりに

第1章

あなたの防犯知識は間違っている

「暗い道は危ない」と子どもに教えていませんか?

子どもがひとりで歩けるようになると、親の防犯への意識はぐっと高まるものです。安全のため、常に子どもの手を引いて行動します。しかし、いつまでも手を引いているわけにはいきませんから、どこかの段階で、子どもが自分で自分の身を守れるよう、「どんなことに気をつけて外で行動するべきか」を言葉で教えなければなりません。

そのとき、子どもにどんなことを言って聞かせるべきでしょうか。

多くの親は次のように言っているのではないかと思います。

「暗い道に気をつけなさい」
「人通りの少ない道に気をつけなさい」
「死角のある場所に気をつけなさい」
「知らない人とは話してはいけません」
「不審者に気をつけなさい」

こうした言い方で、本当に子どもを犯罪から守れるのかを考えてみたいと思います。

①「暗い道に気をつけなさい」

まずは「暗い道に気をつけなさい」です。夜間に街頭で事件が起こると、必ずと言っていいほど「暗いから犯罪が起こった」と言われ、その解決策として街灯を増設してほしいという声が住民からあがります。

実際、２００９（平成21）年に起こった、島根県立大学の女子学生が同県浜田市の山中で遺体で見つかった事件ではそうした声に押され、市が26基の街灯を設置しました。

道を明るくすれば犯罪が起こりにくいというのは、一見正論のように思えますが、本当にそうでしょうか。もし犯罪者が暗い道を犯行場所に選ぶとすれば、理由は顔を見られたくないからでしょう。しかし、自分の顔を見られないほど暗い場所であれば、相手の顔を見ることもできません。性犯罪を目的とする人間は、相手の顔が見えない道を犯行場所には選びません。そもそも子どもは真っ暗な道を歩いていることはほとんどありませんし、歩いているとしても夕暮れの薄暗い道でしょう。

犯行場所に選ばれるのは、確かに見られにくい場所ではありますが、それは「真っ暗な場所」ではなく、「薄暗い場所」であるはずです。真っ暗な場所は犯行後に逃走するのも難しくなります。

空き巣、強盗が発生する時間帯は、「午後2時から4時」が最も多く、「午前2時から4時まで」の2倍近い件数が起きていることがわかっています。実は犯罪者も私たちと同じで暗い場所は不安だし、明るい場所を好むと考えたほうがいいのです。

とはいえ、照明を設置したほうがいい場合もあります。たとえば、両側に住宅の窓がたくさん見える道では、街灯を設置して明るくすれば、夜でも昼間のように通りが見えやすくなるので、安全性は高まります。犯罪者は人目に触れることを恐れるからです。

しかし、そもそも周囲に住居がない場所では、通りが明るくなっても人の目は届かず、逆に、街灯を設置することで犯罪者がターゲットを見定めやすくなってしまいます。

シンシナティ大学で刑事司法を教えるジョン・エック教授は、「照明は、ある場所では効果があるが、ほかの場所では効果がなく、さらにほかの状況では逆効果を招く」と指摘しています。照明をつけるのが有効かどうかは、その場所の状況次第ということです。

街灯の効果は、夜の景色を昼間の景色に近づけることです。それ以上でも、それ以下でもありません。つまり、街灯の防犯効果は、街灯によって戻った「昼間の景色」次第なのです。昼間安全な場所に街灯を設置すれば、夜間も安全になりますが、昼間危険な場所に街灯を設定しても、夜だけ安全になることはあり得ません。

「暗い道は危ない」と子どもに教えると、「明るい昼間は安全」「街灯がある道は安全」という二重の危険に子どもを追い込むことになります。子どもの事件は、夜間よりも昼間のほうが多く、街灯のない道より街灯のある道のほうが多いことを忘れないでください。

②「人通りの少ない道に気をつけなさい」

「人通りの少ない道に気をつけなさい」を裏返せば、「できるだけ人通りの多い道を歩きなさい」ということになります。では、人が多い場所は果たして安全なのでしょうか。

子どもを狙う犯罪者は人の多い場所を好みます。なぜなら人数が多いほうが、好みのターゲットを多くの候補者の中から選べるからです。より多くの人間から自分の好みにぴったりの対象を選びたいのです。

１９８８（昭和63）年から翌89（平成元）年にかけて起きた連続幼女誘拐殺人事件の加害者Mは、学校周辺や団地など、人がたくさん集まるところでターゲットを探していました。２０１４（平成26）年9月に神戸で起きた女児誘拐殺害事件でも、犯人が子どもに声をかけたのは、人通りの多いメインストリートでした。人通りの少ないところで犯行が行われた場合でも、ターゲットを定める段階では人通りの多い場所を選ぶので、人が多くても決して安全ではないということです。

いざ犯行に及ぶ段になると、犯罪者は人から見えやすい場所は避けようとします。とはいえ、人通りが多いというだけでは見えやすいかどうかは決まりません。人通りが途切れることもありますし、逆に人通りが多すぎると人間は注意力が分散して、他人に無関心になりますから、そこは見えにくい場所になるのです。

犯罪者は、人通りの多い場所でターゲットを物色し、人通りが途切れたタイミングで、あるいは尾行して人気のなくなった場所で犯行に及ぶというわけです。犯罪は「人通りの多い場所」ですでに始まっているのです。

魚がいそうな場所に釣り人が集まるように、子どもがいそうな場所、つまり人通りのある道に犯罪者は集まります。子どもがいない南極や砂漠には犯罪者は現れません。ライオンが水場に来るのも、そこに獲物となる草食動物が集まるからです。

もちろん、人が歩いていれば、犯罪者もそう簡単には子どもに近づけませんが、ほとんどの道は、人が歩いていたり、歩いていなかったりします。つまり、人通りは必ず途切れるのです。そのタイミングを犯罪者は待っています。残念ながら、いつ犯罪を始めるかは、完全に犯罪者に委ねられています。子どものそばに大人がいれば、近づくのをやめ、大人がいなくなれば近づく。ただ、それだけのことなのです。

逆に常に人が歩いている道は、駅前や繁華街ですが、そこは人が多すぎます。多すぎるので、子どもに注意が向かず、犯罪者は雑踏の中に埋もれ、目立ちません。

「人通りの少ない道に気をつけなさい」と子どもに教えると、「人通りの多い道は安全」という誤解を与え、子どもを探しに来た犯罪者に無警戒になってしまいます。重要なのは、人が歩いているかどうかという「偶然」に頼るのではなく、いつ見ても変わらない景色（場所）という「必然」を基準にして、安全と危険を見分けることです。

③「死角のある場所に気をつけなさい」

①②と同様に、死角のある場所は、犯罪者が犯行を目撃される可能性が低くなるので、犯罪の現場に選ばれやすいと考えられています。

たとえば、雑木林や公園の植え込み、トイレの裏側、空き家などが「死角となる場所」として挙げられます。確かにこうした場所は、人から見えにくいので犯行現場に選ばれやすい面はあります。

しかし、こうした「死角のある場所」ばかりがあまりに強調されると、ほかの場所での警戒心がおろそかになる心配があります。前出のMの場合は、歩道橋の上で少女に声をかけています。周囲に木々はありませんし、死角もなく、一見、周りから見えやすい場所のように思えます。Mは少女を言葉巧みに誘導してマンションの駐車場に駐《と》めておいた車までついてこさせています。

また、見通しがよくても見えにくい場所というのがあります。たとえば、周囲に田んぼが広がるような道は、いくら死角がなくて見通しがよくても、周辺に住宅がないので、人目に触れず、見えにくい危険な場所になってしまうのです。

周囲を田んぼや畑で囲まれた道で起こった事件としては、新潟県の柏崎市で9年にもわたって少女が監禁されたケースや、２０１４（平成26）年の岡山県倉敷市の小学生女児監禁事件などがあります。「死角のない場所」も決して安全ではないということです。

公園など周りを樹木に囲われている場所で、死角をなくすために木を切ったりすることがあります。しかし、木を切っても安全な場所になるとは限りません。問題は周囲に住宅があるかないかです。木を切って見通しがよくなっても、周囲に家がないと、そもそも人の目が届かず、意味がないのです。

２００５（平成17）年に起こった栃木県今市市《いまいちし》（現・日光市）少女刺殺事件のあと、事件が起こった三叉路《さんさろ》の周りにたくさん生えていた木を、死角を減らすために切りました。しかし、周囲に住宅がまったくない山中ですから意味がありません。たとえすべての木を切ってハゲ山にしても、道路から家の窓が見えなければ、依然として「見えにくい場所」なのです。

田んぼ道、ビルの屋上、河川敷、歩道橋の上といった「死角がなくても見えにくい場所」を子どもに意識させるために、あえて「死角」という言葉を使わないでください。「死角のある場所に気をつけなさい」と子どもに教えると、「死角がなくても見えにくい場所」の危険性に気づけず、そこで油断してしまいます。

④「知らない人とは話してはいけません」

親は「知らない人と話してはいけない、ついていってはいけない」と簡単に言ってしまいますが、子どもの立場で「知らない人」というのはどういう人を指すのか考えてみたことがあるでしょうか。

子どもにとってその線引きは非常に難しいものがあります。子どもの世界では、道端でほんの2、3の会話を交わすだけでその人は「知っている人」になってしまいます。公園で野良猫の話をしてくれた人や、宅配便の制服を着て言葉を交わした人も知っている人だと認識するはずです。

犯罪者は、児童心理のスペシャリストという側面を持っており、子どもの警戒心を解く多くの方法を知っています。たとえば、当たり障りのない会話で事前に「知っている人」になっておき、後日、犯行に及ぶといったことがあります。「ハムスターを見せてあげる」と言って女児を団地の階段に誘い込んだり、「虫歯を見てあげる」と言って女児に口を開けさせて舌をなめたりしたケースもあります。

いくら「知らない人とは話してはいけない、ついていってはいけない」と子どもに教えても「知らない人」の基準があいまいなので、意味をなしません。

⑤「不審者に気をつけなさい」

「不審者」も「知らない人」同様に、子どもにとっては極めて不明瞭な言葉です。子どもが「不審者」から逃れるためには、不審者そのものを定義してあげなければ、子どもは誰を対象としていいかわかりません。

大人はこの不審者という言葉を犯罪者予備軍と同じ意味で使っています。あるいは、「犯罪を企てている者」と言い換えることもできるでしょう。確かに、これから犯罪をしようとしている人を見抜ければ、犯罪から未然に遠ざかることができます。しかし、問題はそれが可能かどうかです。まれに「犯罪者は見た目でわかる」と言う人がいますが、本当でしょうか。そして、それは子どもにも可能なのでしょうか。

ある自治体のホームページには「帽子を目深にかぶったり、サングラスをかけたり、大きなマスクをしているなど、また、異様に俯《うつむ》いて歩いている場合には注意が必要です」と不審者の見分け方について書いてあります。しかし、下半身を露出したり、車に乗るよう誘ってきた不審者の報告例を調べてみても、サングラスやマスクをつけている率は1割にも満たないことがわかっています。かつては顔を見られないためにサングラスやマスクを使った犯罪者が多かったとしても、そういう外見が不審者と見られやすいとわかっている昨今の犯罪者が、あえてそんな恰好《かっこう》を選ぶはずがありません。

住居への侵入盗でも、最近の犯人はスーツを身にまとい、訪問販売員や営業部員を装っています。スーツ姿で歩くほうが、あまりにもありふれているために人の記憶に残りにくいからです。子どもを狙う犯罪者も、子どもに警戒心を抱かせないためにいたって普通の恰好をしています。犯罪者は常に自分が不審者と見られないように細心の注意を払っているのですから、私たちが見分けることは不可能なのです。

また、不審者と言えば男性のイメージで語られがちですが、そもそも犯罪者は男性だけとは限りません。たとえば、２００６（平成18）年に兵庫県西宮市で起きた女児連れ去り事件では、女性が誘拐犯でした。

「不審者に気をつけましょう」と言うのは、交通安全教育において「変なドライバーに気をつけましょう」と言っているのと同じで、これを判別するのは無理です。

それに、学校の道徳の授業などでは「人を外見で判断してはいけない」と教えているのですから、子どもの頭の中はこの矛盾で混乱してしまうことでしょう。

「入りやすく、見えにくい」場所を避ける

未然に犯罪から遠ざかるための考え方のキーワードが「入りやすく、見えにくい」です。「入りやすく、見えにくい」場所が、犯罪の現場に選ばれやすいのです。

実は先に挙げた、子どもに言いがちな５つの防犯指導（「暗い道に気をつけなさい」「人通りの少ない道に気をつけなさい」「死角のある場所に気をつけなさい」「知らない人とは話してはいけません」「不審者に気をつけなさい」）は、「入りやすく、見えにく

い場所」を避けるという原理原則を不明確なものにしてしまっているために、防犯に効果を発揮しないと言えるのです。

まず「入りやすい」とはどういうことでしょうか。

「入りやすい場所」とは、誰もがそこに簡単に入ることができ、そこから簡単に出ていける場所です。犯罪者の立場から見れば、簡単にターゲットに近づくことができ、すぐに逃げることができる場所です。

学校などの閉鎖されたように見える場所でも、入退出がきちんと管理されていなければ、入りやすい場所になってしまいます。２００１（平成13）年に大阪府にある国立の小学校で起きた無差別児童殺傷事件では、犯人は自動車専用の通用門から校内に侵入しています。犯人は法廷で「校門が閉まっていたら入らなかった」と供述しています。

また、２００４（平成16）年に起きた奈良女児誘拐殺害事件では、犯人は車道と歩道を隔てていた植え込みが途切れた場所で女児に声をかけています。このように植え込みやガードレールがない場所も「入りやすい場所」と考えることができます。

奈良女児誘拐殺害事件の連れ去り現場。植え込みの途切れたところは、車道と歩道を隔てるものがなく、「入りやすい」場所になってしまう

物理的に「見えにくい」２つのパターン

次に、「見えにくい」場所とはどういうことでしょうか。

「見えにくい場所」とは、その場の様子をつかむことができにくい場所です。そうした場では犯人は悠々と犯罪の準備をすることができ、また犯行そのものを目撃される可能性も低くなります。

逆に「見えやすい場所」は、犯人が自分の姿を確認される可能性が高くなり、犯行を目撃されやすくなりますので、犯行場所に選ばれる可能性が低くなるのです。

「見えにくい」場所には、２つのパターンが考えられます。それは物理的に見えにくい場所と、心理的に見えにくい場所です。

そして物理的に見えにくい場所はさらに2つに分けることができます。

ひとつは死角で遮られている場所であり、もうひとつは死角がなくても、もともと人通りが少なかったり、周囲に住居がなかったりして、誰にも見てもらえない場所です。

前者の象徴的なケースは、２０１１（平成23）年に起きた熊本女児殺害事件です。殺害現場となったスーパーマーケット内のトイレは、改装中の店舗の壁が邪魔になって、従業員や買い物客の視線が届きにくい「見えにくい」場所でした。

また、前出の連続幼女誘拐殺人事件のMが起こした4番目の事件の犯行現場も、同じように死角になる場所でした。この事件で5歳の保育園児の連れ去り現場となったのは、高層アパートの一角にある保育園の玄関前でした。

Mはこの高層アパートに隣接する公園のベンチに座ってターゲットを物色していました。そのとき、ひとりの女児がアパートの吹き抜けの通路に入っていくのが見えたため、あとを追い、保育園の玄関前で女児がひとりになったのを確認して声をかけています。

この保育園は高層アパートの1階にあったため壁や柱に遮られ、死角の多い場所だった

倉敷女児誘拐監禁事件の連れ去り現場。人通りが少なく、住宅も高い塀に囲まれているため、見通しがよくても「見てもらえない」場所

のです。

後者の「人通りが少なかったり、周囲に住居がなかったりして、誰にも見てもらえない場所」の象徴的なケースは、前述した岡山県倉敷市での女児誘拐監禁事件です。周囲は田んぼと住宅が交互にあるような地域です。

現場に行ってみましたが、住宅があっても塀が高いので、「見てもらえない場所」になります。連れ去り現場から住宅の窓が見えなければ、住宅からも現場が見通せないわけですから、犯罪場所に選ばれやすくなります。

心理的に「見えにくい」2つのパターン

次に、心理的に「見えにくい」場所です。これにも2つのパターンがあります。ひとつは、管理されている雰囲気を漂わせていない、荒廃した場所。もうひとつは、不特定多数の人が集まったり、行き交う場所です。

前者は、たとえば、雑草が伸びきった状態の公園であったり、不法投棄された粗大ゴミが放置されている空き地、廃屋になりかけている空き家などです。

2005(平成17)年に起きた今市女児殺害事件と広島女児殺害事件の発生場所にも、落書きとゴミがありました。

こうした管理が行き届いていない場所では、周囲の人の無関心を連想させ、犯人に犯行が発覚しにくい印象を持たせてしまいます。

この考え方は「割れ窓理論」として知られています。「割れた窓」は管理されていないことの象徴であり、小さなほころびが大きなほころびにつながることが証明されています(詳しくは第5章で述べます)。

小さなほころびとしては、ほかにも、雑草の生えている花壇、ゴミの収集日が守られ

今市女児殺害事件が発生した通学路沿いの荒れ果てた分譲地。粗大ゴミが放置されたままで、犯行が発覚しにくい印象を持たれてしまう

ていないゴミステーション、放置自転車や放置自動車、壊れたフェンス、電球の切れた街灯、錆《さび》だらけの遊具がある公園などが挙げられます。

こうした場所は、犯罪者の目からすれば、「犯罪を行っても見つからないだろう」「犯罪が見つかっても通報されないだろう」という想像をさせます。その場所に対する地域住民の関心が低いために、心理的に「見えにくい」場所となっているのです。

後者の「不特定多数の人が集まったり、行き交う場所」は、たとえば駅前広場であったり、繁華街、巨大店舗などです。

前述した2011(平成23)年の熊本女

児殺害事件では、犯人はスーパーマーケットの中を4時間も歩き回ってターゲットを物色していました。

こうした不特定多数の人が集まる場所では、他人への関心、注意が分散されるため、意識してもらうことが難しくなります。人がたくさんいても「見えにくい」場所になるわけです。

「誰かがうちの子を見てくれる」は大きな誤解

人が大勢いると、誰かがうちの子を見ていてくれるだろうと考えがちですが、そんな場所こそ、よく注意して子どもを見守ることが大切です。

仮にたくさん人がいて、子どもがトイレの前で男としゃべっているとします。そのうちにふたりでどこかに行ってしまったとしましょう。何人かは「あれ、さっき歩いていた大人と違う人と歩いているな」と気づくでしょう。そのとき、「このおじさん、知ってるの?」とその子に聞くことができる人は皆無でしょう。

おかしいなと思っても、「私が思うならほかの人もおかしいと思うはずだ。みんなが気づいていて誰も何も言わないということは、たいしたことではないのだろう。本当におかしいのであれば、ほかの誰かが行くだろう」という心理が働きます。

これを社会心理学では「傍観者効果」と呼んでいます。

熊本のスーパーで女児が殺されたケースでは、犯人の大学生はターゲットを物色するために同じスーパーに４時間滞在していました。商品を見ないで、人ばかり見ているというのは、４時間もいれば普通は気づきます。当然、店員も気づいていたはずです。しかし、マネージャーや店長に報告した人は誰もいませんでした。そこでは自分が言わなくても誰かが言うだろうという意識が働くのです。その場の全員が、ほかの人が誰も言わないのだから、大丈夫なのだろうと思っていたそうです。誰かを探しているのかなとか、待ち合わせをしているのかなとか、一緒にいるのだから知り合いなのだろう、といいほうに考えてしまうのです。

だから、人がたくさんいても期待できないということを頭に入れておくべきです。

ニュースでは冷たい人が多かったという言い方になったりするのですが、そういうことではなく、状況がそういう行動を促しているのです。

同じような状況でも人が少なければ、介入しようという意識が生まれます。たとえば、店舗に怪しい人物がいるというとき、店員がひとりしかおらず、お客さんが誰もいなければ、店員は自分で店長に変な人がいますよと言いに行くはずです。

こういう実験はアメリカでたくさん行われています。たとえば、電車の中でわざと倒れてみて、乗客がその人を助けるかどうか。30人ぐらい乗っていると誰も助けません。自分が助けなくても誰かが助けるはずだと考えるからです。逆に、誰も助けないということは、単なる酔っ払いなんじゃないかとも考えてしまいます。

しかし、乗客がひとりだけならば必ず助けにいきます。責任がその人にすべてかかってくるからです。

人が多いと、それが分散されてしまいます。これを「責任拡散論」と呼んでいます。30人いると、責任は30分の1になってしまい、何かまずいことになっても自分だけが責められることにはならないだろうという意識が働きます。

これは日本でも欧米でも同じです。

誰かが見てくれているだろう、誰かが助けてくれるだろうというのは、まったく根拠のない思い込みです。アウトレットモール、ショッピングセンター、遊園地、お祭り、運動会など、人が多い場所こそ、子どもから目を離してはならないのです。

１９６４年、アメリカでキティ・ジェノベーズ事件というのがありました。ニューヨークに住む女性が自宅アパートの前で暴漢に襲われ、目撃者が38人もいたのに誰も通報しなかった事件です。40分後に駆けつけた警察官は、「もっと早く来ていたらこの人は助かったのに」と嘆いたといいます。

新聞は「なんと冷たいNY市民」と見出しを打ったのですが、本当にそうなのかと考えた心理学者が、前述のような実験を行ったのです。結果は、38人も見ていたから誰も通報しなかった——。人間にはそういう心理が働くものだということがわかりました。

何か起こったとき、居合わせた人がこの理論を知っていれば、こういうたくさんの人がいる場面では誰もやらないから、自分がやらなければと思うはずです。

大勢の人がいるときこそ、勇気をもって通報するなり、アクションを起こす必要があるのです。

そういう場所で誰かに助けを求める場合でも、「誰か110番して！」と叫んでも誰も動いてくれません。そういうときには、「あなた！　110番お願いします！」と指名することが大切です。

指名されると、その人に全部の責任がかかってくるので、必ずやってくれるわけです。「誰か」ではダメなのです。責任は集中しなければならないのです。そういうことを子どもにも教えてほしいと思います。

警察など危機管理のプロになればなるほど、現場ではその場の人に名指しで指示を出します。「あなたは119番」「あなたは交通整理をしてください」という具合です。

そうしないと動かないからです。人間はそういう生き物だということを頭に入れておいてください。

危険な場所を見分ける「景色解読力」が必要

子どもを犯罪に遭わせないようにするためには、「入りやすい」「見えにくい」場所を見分ける判断力を養わなければなりません。つまり、「景色解読力」が必要です。

「人」で判断するのは不可能なので、その「場所」が危険かどうかで判断するということです。その「場所」が危険かどうかの基準が「入りやすい」「見えにくい」です。

交通安全を子どもに教えるときには、「この角は運転手から見えにくいから気をつけて」とか、「ここはまっすぐな道が長く続くから、車がスピードを出して走ってきやすいよ」などと、場所を読み解くように教えているはずですから、それと同じことを防犯においても教えればいいのです。

では子どもに言って聞かせる前に練習をしてみましょう。

次の景色のうち、安全なのはどちらでしょうか？


「通りの両側に塀の高い家が続く住宅地」と「たくさんの窓が通りに面している住宅地」

「木々に囲われている公園」と「フェンスに囲われている公園」

「植え込みもガードレールもない道路」と「植え込みに隔てられている道路」

「見通しのよい周囲が田んぼの道」と「住居が両側に並んだ道」

正解はすべて後者です。ここまで本書を読んできた読者にはやさしい問題だったのではないでしょうか。

「入りやすい」「見えにくい」場所を避けるという原理原則を知っていれば、なんでもない景色が危ない場所か、そうでない場所かはおのずと判断できるようになります。景色が語りかけてくるようになります。

「人」はウソをつきますが、「景色」はウソをつきません。どちらを重視すればいいのかは明白です。この点については次章以降で詳しく述べることにします。

「狼少年」になっている防犯ブザー

「怖いと思ったときは防犯ブザーを鳴らしなさい」

これも相変わらず多い間違いです。

２０１３（平成25）年の調査では全国の82％の小学校で、防犯ブザーを子どもに配布しています。

しかし、子どもが防犯ブザーを本当に鳴らせるかどうか、冷静に考えてみることです。

危険な景色・安全な景色

■住宅地

危険

通りの両側に塀の高い家が続く住宅地

安全

たくさんの窓が通りに面している住宅地

■公園

危険

木々に囲われている公園

安全

フェンスに囲われている公園

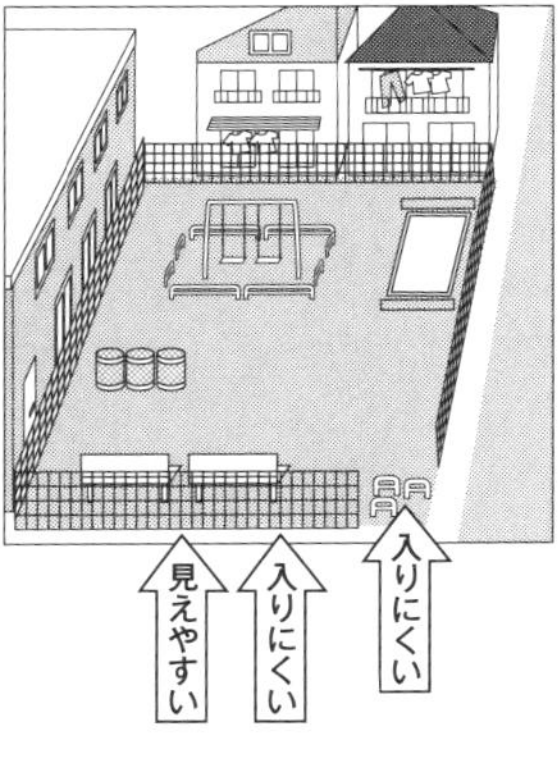

子どもが勇気を出して防犯ブザーを鳴らそうとしても、故障や電池切れで鳴らないことは十分考えられます。国民生活センターが実施した調査では、防犯ブザーの故障の苦情を受けていた地方自治体は8割にも達しました。

機械的なトラブルがなく防犯ブザーを鳴らせたとしても、警報音の聞こえる範囲に大人がいない可能性もありますし、その警報音を子どもの防犯ブザーと認識できないかもしれません。

防犯ブザーは、子どもが面白がって鳴らしてしまうので、仮に鳴っていたとしても大人は「ああ、また鳴っているな」と思いますから、誰も出てこない場合も多いでしょう。防犯ブザーが「狼少年《おおかみ》」になってしまっているわけです。

また、犯罪者に無理やり連れ去られそうになったときに防犯ブザーを鳴らした場合は、犯罪者を刺激することになります。場合によっては、パニックになった犯罪者が子どもに危害を加えないとも限りません。

いまだに子どもに護身術のようなことを教えている学校もあるようで、驚くことがあります。小学校で行われる防犯教育では、手をつかまれたら連れていかれないために地

危険な6景

入りやすく見えにくい建物の外階段。落書きは危険な場所を示すサイン

高い壁が続く見えにくい道。ガードレールのない入りやすい道でもある

いちめん田んぼで人家がない。見通しはよいが、見えにくい場所

坂道には家がなく、土留めの壁もあって見えにくい。山道はさらに危険

ブロック塀とビルの壁に囲まれた見えにくい公園。木の枝に置き去りの傘、トイレの裏には放置自転車も

誰でも簡単に入れる自転車置き場。コンクリートの壁に囲われて、周りから見えにくい場所になっている

面に伏せなさいと教えることがあるようです。もしそれを実行した場合、犯罪者が諦めて手を放して立ち去ってくれればいいのですが、そうとばかりは限りません。

頭に血が上った犯罪者は、伏せた子どもを蹴るでしょう。プロレスや格闘技を見ていればわかるように、人間は反射的にそういう行動に出るのです。大人が子どもの腹をめがけて蹴った場合には内臓破裂で即死です。

ほかにも、足を踏みつけろとか、かみつけとか、いろいろな方法を学校の安全教育の中で教えています。あるとき私が講演に行った小学校で、「ぼくは大人の手を振りほどけるから大丈夫」と言いきった児童がいたので、私がその子の手をつかんでみました。当然、大人の力にかなうはずもなく、振りほどけるわけがありません。少年は自信満々だったのですが、しょんぼりしてしまいました。学校の安全教育では警察官がやってきて、子どもに護身術のようなことを教え、「うわあ、やられた〜」などと言ってお茶を濁しているので、子どももそうやって危険を回避できると錯覚してしまうのです。

大人が護身術として習うのであればまだしも、子どもが大人を相手にするのですから、勝てるわけがありません。しかし現実には、そういう防犯教室が多いのです。

大人でも同じですが、人質になってしまったら犯人の言うとおりにして、犯人を刺激しないようにするのが鉄則です。犯罪者に抵抗するのは、相当リスクが大きいということを認識してもらいたいと思います。

子どもは騙されてついていく

そもそも、子どもは防犯ブザーを鳴らすことができない場合がほとんどです。というのも、子どもは騙《だま》されてついていくからです。

警察庁の『子どもを対象とする略取誘拐事案の発生状況の概要』（２００３年）では、中学生と高校生も対象に含まれているにもかかわらず、「甘言・詐言《さげん》を用いて」犯行を行った被疑者は全体の55％に及びました。小学生以下の場合、この比率はもっと上がるでしょう。

犯罪者は言葉巧みに子どもを誘い出します。犯罪者は子どもを騙すためにストーリーを練り上げたうえで、子どもに安心してついてこさせます。何度も子どもと話すうちにストーリー構成がどんどん熟練していくのだと思います。

実に巧妙なストーリーをつくったのが連続幼女誘拐殺人事件の加害者Mです。Mはまずターゲットに選んだ女児が歩道橋の階段を上ったのを確認すると、道路の反対側から歩道橋を上り始めました。歩道橋の上で女児に近づき、腰をかがめて目線を合わせたうえで「おにいちゃんはこれから涼しいところに行くんだ、いいだろう。一緒に行かないか」と声をかけました。そして、自分から先に歩道橋を降りていったのです。

後ろから女児のあとを追いかければ警戒されるとわかっていたため、あえて歩道橋の反対側から上ることで偶然を装ったわけです。女児の警戒心を解く、実に巧妙なやり方です。

こうした人を騙すために練られたストーリーの欠陥を見破るのが非常に難しいことは、振り込め詐欺被害がいまだに多いのを見ても明らかでしょう。振り込め詐欺ではありとあらゆるストーリーが考え出されています。彼らは100回失敗しても1回成功すれば大儲けできるわけですから、成功するまでチャレンジするのです。

子どもを対象とする犯罪も、子どもを連れ出すことに失敗しても、それだけですぐに捕まることはありません。声をかけて失敗を重ねる中で、その手法を熟練させることができるわけです。

彼らは騙しているそのワクワク感、ドキドキ感も楽しんでいるのです。いわばゲーム感覚です。こうした犯罪に手を染める人間にはそういう性向があることを理解しておくべきです。

「クライシス管理」より「リスク管理」

「防犯ブザーを鳴らしましょう」とか、「大声で叫んで助けを呼ぶ」「地面に伏せて連れていかれないようにする」というのは、犯罪者を目の前にしたときにどのように対応するかを想定した手立てです。しかし、これらはすべて襲われたあとのことであり、犯罪はすでに始まっているのですから、防犯（予防）とは言えません。

危機管理の世界では、こうした対処のことを「クライシス管理」と言います。つまり、危機が訪れたときにどう対応するかという考え方です。一方で、事が起こってからどうするかではなく、事が起こらないためにどうするかという考え方が「リスク管理」です。

防犯知識がない人ほど、クライシス管理を志向してしまう傾向があります。

クライシス管理よりリスク管理が有効であることは、交通安全を子どもにどうやって教えているかを考えればよく理解できるはずです。「車にぶつかったときにはこうやって受け身を取りなさい」というのがクライシス管理です。一方、「こういう角ではあなたのことが運転手からは見えにくいので気をつけなさいね」というのがリスク管理です。

交通安全において前者のように子どもに言って聞かせる親はいないでしょう。事故に遭ってしまってからでは遅いので、事故に遭わないための考え方を子どもに教えるはずです。防犯も同じで、危機が訪れてから対処するのではなく、未然に察知して危険から遠ざかるのが正しいのです。

子どもに忍び寄る危険は性犯罪だけではない

子どもに教えるべき親自身が、正しい知識を持たないまま、自分の親や教師から教わったことをそのまま子どもに教えているのが家庭の防犯教育の問題点です。日本では安全はタダだと思っている、あるいは誰かから与えてもらうものだと思っている人は多いのですが、自分で勉強して子どもを守ろうという意識が必要です。「変な人に気をつけましょう」「暗い道に気をつけましょう」といった旧態依然とした防犯知識では子どもを守れないことを理解してほしいと思います。

いまと昔では、まず犯罪のタイプからして違います。

現在、子どもを狙った犯罪のタイプは3つ考えられます。

1つ目は、人を殺したり、痛めつけたりすることに異常な興味を持つパターンです。アメリカに多いケースで、1997（平成9）年の酒鬼薔薇聖斗《さかきばらせいと》事件や2014（平成26）年に佐世保で起こった、同級生を殺害して解剖した女子高生の事件がこれに該当します。

2つ目は、わいせつ、強姦《ごうかん》を目的としたパターンです。

3つ目は、わいせつ、強姦までいかずとも手を握ったり、ドライブしたりするだけで満足するパターンです。1番目、2番目のパターンに比べれば、まだおとなしい犯罪者たちです。

数としては3番目のケースが最も多くなります。ただし、3番目のケースが悪化することはあり得ます。この場合は、快楽につながるということではないものの、逆上して殺人に至ってしまうケースがあるのです。

というのも、3番目の犯罪者は気が小さく、同世代の異性だと馬鹿にされたり、相手にされなかったりするので、完全に支配下に置くことができる小さな子どもを狙うのです。近づいて一緒に連れて歩き、食事をしたり、ドライブに連れまわしたりします。その間は、優しいおにいさん、あるいはおじさんでいるのですが、あまりにも優しいので子どもがどんどん図々しくなっていき、反抗したり、バカにしたりするようになると、腹を立て、逆上して態度を一変させることがあります。

2004（平成16）年の奈良市で起こった小1女児殺害事件では、犯人は女児を自宅に連れ帰って宿題を教えています。一緒に風呂に入ったりもしているのです。ところが風呂の中で、女児が何かのきっかけで自宅に帰りたいと泣き叫んだために、犯人は黙らせようとして殺してしまいました。

また、子どもが泣き止まないので、発覚を恐れて殺すというパターンもあります。前述の熊本の女児殺害事件のケースがこれです。犯人が女児をスーパーマーケットのトイレに連れ込んでいるときに、父親が近くを探しに来ました。子どもは父親に自分の居場所を知らせようと騒ぎ、犯人に口をふさがれて窒息死してしまいました。

ネット社会が犯罪を加速

この先、こうした犯罪傾向は変化していくものと思われます。犯罪傾向の進んでいる欧米の犯罪パターンが、数年後に日本で顔を出すことが考えられるからです。

前述した3つの犯罪パターンのうち、1番目のケースは、アメリカなどに比べて日本ではまだ少ないのが現状ですが、今後は増えてくる可能性があります。

いまは情報社会であり、犯罪に向かわせる刺激が多い世の中とも言えます。とりわけ昔と大きく違うのは、インターネットで犯行手口の情報を獲得できることです。

もしかしたら失敗するかもしれないと考える人は、欲求があっても実際に犯罪は行いません。彼らが犯行に及ぶときは、絶対に成功するという確信のもとに行動します。そのとき、何が彼らの確信を裏づけるのかというと、インターネット上の情報なのです。

外部からなんの情報も得られなければ、自分で実際にやってみて失敗しながら学んでいくしかありません。それには大きなリスクが伴います。しかし、すでに失敗と成功のケーススタディがネット上を中心にあふれていますから、そうした情報が犯罪者に変な自信を与えてしまっています。

ネット社会では、いくらでも学習ができます。「このケースではこうして逮捕されたので、こうすれば捕まらない」といったことです。昔は「刑務所は犯罪者の学校」と言われ、犯罪者は刑務所で先輩受刑者から犯罪の手口を学んでいましたが、いまはネット上の裏サイト、大型掲示板サイトなどがそれを代替しています。

サイトの経営側としても、そうした公序良俗に反する書き込みは削除できるはずですが、手が回っていない状態です。

犯罪者はある意味、非常に勉強熱心だと言えます。性犯罪者の中には、過去の性犯罪者をあがめている者もいます。もしくは、バカにしているかのどちらかです。いずれにしても、過去の手法などを研究している人が多いのです。犯罪者は学んでいるのに、こちらは学んでいないのだとしたら、猛獣の中に子羊を放すようなものです。

また、いまと昔の違いで言えば、子どもの数が減っているため、子どもがひとりでいる場面が多くなっていることが挙げられます。昔のように子どもが多ければ、友だちやきょうだいと一緒にいることが多いので安全性は高まりますが、いまはそれが望めません。

また、共働きの家庭が増えていることも以前との違いとして挙げられます。共働きの家庭が増えているのは、保育所の待機児童が増えていることや、小学校の学童保育が飽和状態になっている状況からも明らかです。

専業主婦が多ければ、昼間に買い物に出て町を歩いていたり、洗濯物を干しながら道路を見ているといったことが想定できるでしょう。しかし、兼業主婦が仕事に出るのはだいたい朝からと決まっていますから、洗濯物を干す時間などがどの家庭も朝の同じころになってしまう傾向があります。その一方で、昼間は空白の時間帯となり、子どもを見守る「近所の目」が減ってしまうのです。

犯人からすると、いまは狙いやすい条件が揃《そろ》っている時代であり、よりしっかりとした防犯体制を築くことが重要なのです。

帯の問題の答え

遊ばせてはいけない公園は、どちら？

答えは、左側の公園です。

危険な公園（左側）

・周囲に人家がないため、人の視線が届かず「見えにくい」。
・公園の周りに囲いがないので「入りやすい」。
・ベンチが内側を向き、外から子どもを物色する犯人を見張る役目を果たしていないため「見えにくい」。
・ベンチが遊具の近くにあるので、そこから子どもに声をかけやすく、犯人が子どもと会話をしていても（＝騙して連れ出そうとしても）、不自然に見えない（＝周囲の大人に違和感を与えない）。
・ランニングをしている人がいても安心はできない。人通りがあっても、いつかは途切れる（犯人は人通りが途切れた瞬間に犯行を始める）。

安全な公園（右側）

・フェンスで囲われているので「入りにくく、見えやすい」。
・入口が1か所しかないので「入りにくい」（犯人にとっては逃走しにくく、子どもをこっそり連れ出しにくい）。しかも、その入口に車止め（障害物）が設置されているので、よりいっそう「入りにくい」。
・近くに多くの人家があり、窓が公園の方に向いているので「見えやすい」。しかも、洗濯物が干してあるので、家の中の人がすぐにでも外に出てきそうだと犯人は感じる。

第2章

「人」ではなく「場所」で犯罪を防ぐ

未来の犯罪を予測することは可能

前章では、犯罪を起こす「人」を見分けることは困難なので、危ない「場所（景色）」かどうかで判断すれば、犯罪から遠ざかることができると述べました。その危ない場所を見分ける基準が「入りやすい」「見えにくい」でした。

このように「人」ではなく、「場所」に注目するアプローチの方法を「犯罪機会論」と言います。犯罪を起こす機会（チャンス）をなくしていくことで犯罪を防ぐという考え方です。犯罪機会論では、犯罪の動機を抱えた人がいても犯罪の機会が目の前になければ、犯罪は実行されないと考えます。人は犯罪の機会を得てはじめて実行に移すと言い換えてもいいでしょう。

これに対して、犯罪を行う「人（＝犯罪者）」に注目するアプローチの方法を「犯罪原因論」と言います。人が罪を犯すのは、その人自身に原因があるという考え方です。犯罪者は動機があってこそ罪を犯すということです。

日本ではこれまで、防犯については「犯罪原因論」で語られることが常でした。つまり、人が罪を犯すのは動機があってこそなのだから、それをなくすことが犯罪の撲滅につながるのだという考えです。

ところが、その「動機（=原因）」を確定するのは容易なことではありません。殺人事件が起こると、テレビの報道で必ずリポーターが警察署の前に立ち、「警察署では、これから本格的に犯人の動機を追及する方針です」などと言いますが、そんなことはあり得ません。

映画やドラマでは動機を追及しないとストーリーになりませんから、警察や探偵が動機をあれこれ探っていきます。そのイメージが強いので、警察は動機の解明をするものだと思っている人が非常に多いのです。しかし、警察は犯人を捕まえるのが仕事であって、犯罪者の動機を解明するのが仕事ではありません。

警察、検察、裁判所の仕事は事実の確定をすることです。誰が何をして、どんな結果を引き起こしたかを確定するのです。法律にもそのように書かれていますし、それ以上のことを警察、検察、裁判所がするのは法律違反になります。

警察が捜査して検察が起訴し、裁判が終わるまでは誰も何も原因の解明は行いません。専門家による動機や原因の解明が始まるのは、少年院や刑務所に入ったりしたあとのことです。そこには犯罪心理の専門家や精神科医がいますから、動機の解明をやってやれないことはないのですが、それが事実であるかどうかはいまの科学の水準では検証不能です。

私の知っている限りでは、ここ数十年の犯罪史の中で、動機や原因が解明されたと言えるのは神戸の酒鬼薔薇聖斗事件ぐらいでしょう。あとの事件はなんとなく「こういうことだろう」で終わっており、時間がたてば人々の記憶からも失われていくものがほとんどです。

動機を解明するのは難しい

それに動機というものは、本人が語ったことが真実かというと、それもまた違うでしょう。本人でさえよくわからないことが多いものです。それほど人の心の動きは複雑なのです。

たとえば、ある人が「雨が降っていたから」という理由で、犯行に及んだとしましょう。その人にとって、「雨」は十分な動機になると仮定します。しかし、犯人が取調室で取調官に正直に「雨だったからです」と答えても、相手にしてもらえるはずがなく、「ふざけるな」と怒鳴られるに違いありません。まともに見える動機が必要なら、取調官が「おまえ、本当は金が欲しかったんだろう」と誘導尋問をして、そういう内容の調書をつくるしかないかもしれません。もし取調官が「雨が降っていたから」を動機として認めても、その上司が許しません。仮に警察署長が認めても、それを読んだ検察は「真面目にやれ」というに違いありません。

裁判官や、一般の人が参加する裁判員らが納得できるよう、調書は論理的で筋が通ったものでなければならないのです。

よく知られているように、刑事事件で起訴されて裁判になると有罪率は99・9％です。社会学的に言えば、裁判は儀式にすぎないのです。

酒鬼薔薇事件の場合には、かなりの人数の専門家が動員され、彼を観察し、話をする中から、「おそらくこういうことではないか」と診断して動機を定めています。その確信があるからこそ、法務省は彼を社会復帰させたのです。

ただ、こうした動機の解明には多くの専門家を必要とするので、多額のコストが発生します。また、そのようにして定めた動機も「おそらくこういうことではないか」の域を出るものではありません。

極めて難しい動機の解明に予算を使うのであれば、犯罪機会を減らすために使ったほうがよほど効率的であると、私を含め犯罪機会論の研究者たちは主張しているのです。費用対効果を考えると、どちらが効率的かは明らかです。アメリカやイギリスでは税金の使途に対する納税者の視線が日本よりも格段に厳しいので、犯罪機会論が発達したという側面があります。

「弾丸」は誰でも持っている

もちろん、犯罪者には動機というものは存在します。動機というのは、銃でいうと弾丸のようなものです。動機という弾丸が込められているからこそ、犯罪が起こるのですが、一方で、引き金が引かれなければ弾丸は発射されません。弾丸が込められたところに、引き金として、犯罪を誘発する、あるいは助長するという意味での環境（機会）が重なり、この2つが揃ってはじめて犯罪が行われます。

ただ、この弾丸は、程度の差こそあれ、誰でも持っているというのが私の考えです。人間は誰でも多かれ少なかれ欲望というものを持っています。最も端的なのは物質的な欲望で、金銭はその代表です。それ以外にも「もっといい地位が欲しい」「もっとすてきな恋人が欲しい」「もっとすてきな容姿になりたい」という欲望をみんなが持っています。その裏返しとしての嫉妬があります。また、頼みを聞き入れてもらえなかった恨みや、いじめられたことへの復讐《ふくしゅう》によっても犯罪が起こります。

こうしたものから完全に解き放たれて無我の境地にでも至らない限りは、みな弾丸を持つことはやめられません。程度の差があるだけとも言えるでしょう。すでに弾丸を銃に込めている人もいれば、机の引き出しにしまっている人もいるでしょう。

罪を犯す人は、常に銃に弾丸が込められていて、何かのきっかけで引き金を引こうと考えています。その「何かのきっかけ」を与えないようにするのが、犯罪機会論を学ぶ意味です。

私がかつて法務省にいたころ、刑務所に勤務したことがありました。その中でさまざまな受刑者の話を聞きました。刑務所には「なぜこの人が」と思うような好人物も多くいます。そういった人の話を詳しく聞くと、本当にささいな理由で犯罪に手を染めてしまったことがわかります。一度、刑務所に入ってしまうと、再就職もままならず、お金に困ってまた犯罪に手を出してしまうという人も非常に多くいます。

実は、犯罪者と普通の人にそれほど違いはないのかもしれません。ただ、同じような状況、環境にいる人でも罪を犯してしまう人とそうしない人がいるわけです。そこには明らかに動機が関係しています。その動機を解明し、解消することができれば、犯罪をなくすことができます。そういう社会状況をつくっていけば、犯罪を劇的に減らすことは可能かもしれません。それが理想の社会であることは間違いありません。

しかし、すでに述べたように、動機を解明することはいまの科学では不可能です。100年や200年後の未来はわかりませんが、私たちが想像できる範囲の未来では不可能なのです。

では、いまの科学でできることといったら何があるのか。それが犯罪機会論をベースに「犯罪の機会を減らす」ことによって犯罪そのものを減らすというやり方です。犯罪の機会をなくすことは科学的に可能だし、証明もされています。

犯罪原因論で行われた悪魔の手術

ここで、犯罪者の何が犯罪の原因として考えられるのか、犯罪原因論の立場から見てみましょう。

犯罪原因論では、犯罪者の動機を「内」に求める立場と「外」に求める立場の２つがあります。

「内」は人間そのものの原因を重視しており、さらに「体」と「心」をそれぞれ重視する立場があります。「体」については、栄養不良、ホルモン分泌不全、脳障害、遺伝子などが原因として挙げられます。「心」については、深層心理、知能、精神障害などが挙げられます。

「外」は環境をもととする原因を重視しており、さらに「身の上」と「社会」をそれぞれ重視する立場があります。「身の上」とは、育った家庭や通った学校、職場、地域などです。「社会」とは、景気や格差、インターネットやテレビなどです。

このように犯罪原因論では、犯罪者の「内」から「外」まであらゆる要因を、原因になり得るかどうかという視点で検証します。こうした視点から、科学的に犯罪をなくす取り組みがさまざま行われてはいます。

たとえば、遺伝子学の分野では犯罪遺伝子の研究が行われています。犯罪を起こす遺伝子として、可能性が指摘されているのは男性ホルモンです。人間の攻撃性は男性ホルモンによって生まれるという考え方で、これをコントロールすることができれば犯罪を減らすことができるのではないかということです。

男性が女性に比べて攻撃的なのは、男性が女性獲得のために闘ってきた哺乳類としての進化の結果ですから、これをなくしてしまうと子孫は繁栄しなくなります。ですから、なくすのではなく抑制しようという考えで、女性の涙が研究対象になっています。女性の涙に含まれる匂いが男性ホルモンの攻撃性を減らすことに作用する可能性がある、というのですが、まだ処方箋はできていません。

かつて犯罪原因論が華やかだったころには、原因をなくせばいいということで、人間の脳を外科手術によって直接改変するということが行われました。その代表がロボトミー手術です。

ロボトミー手術は脳の前頭葉を切除するというもので、この手術を受けた人は攻撃性がなくなります。開発された当時は「奇跡の手術」ともてはやされ、ノーベル賞まで受賞しましたが、攻撃性がなくなるのと同時に人間らしさもなくなってしまうので、現在では「悪魔の手術」として禁止されています。1975年度のアカデミー賞主要5部門を独占した映画『カッコーの巣の上で』は、ロボトミー手術をテーマに、犯罪原因論の副産物として現れたこの非人道的な〝治療〟を告発した映画です。

フランスの社会学者エミール・デュルケームは、「犯罪が存在する社会は健全だ」と言いました。欲望があるからこそ、それを実現しようとするところに進化が生まれるのであり、したがって欲望は必要であるが、それは同時に犯罪にも結び付く。だから犯罪が存在する社会は進化もするというわけです。

欲望をなくすことができない限りは犯罪もなくなりません。ですから、犯罪をなくすことはできないということです。とはいえ、できるだけ少なくすることはできるはずです。そこに犯罪機会論が寄与する余地は大いにあります。

「不審者」という言葉は日本だけ

アメリカやイギリスなど犯罪研究の先進国では、この「犯罪原因論」よりも「犯罪機会論」のほうが社会に深く浸透しています。もともとは海外でも犯罪原因論しか防犯の考え方がなかったのですが、犯罪機会論が効率的であったために普及したのです。犯罪予防に同じ予算を使うのであれば、少しでも効率のよい方法を重視するのが諸外国の常識だからです。防犯が進んでいる国では犯罪機会論が予防を担当し、犯罪原因論が犯罪者の改善更生の分野を担当する、という具合に役割分担されています。

ところが、日本では犯罪を防ぐために知られている考え方は犯罪原因論だけなので、本来、犯罪者の改善更生を担当するべき犯罪原因論を予防にも適用してしまっているのです。そのせいで、日本の防犯常識は世界の非常識になってしまっています。

犯罪予防とは、「予防」を考えるわけですから、そこにはまだ犯罪者はいません。犯罪が起こってから犯罪者が生まれます。そこで、まだ存在しない架空の犯罪者について考えようとするから、「人」に注目せざるを得なくなります。だから「不審者」という言葉が生まれるのです。

海外の犯罪予防は犯罪機会論で、人に注目しないため、不審者という言葉もありません。「不審者」という言葉があるのは日本だけなのです。

日本では犯罪予防に犯罪原因論を持ち込んでしまったために、予防において気をつけるべき人物を指し示す言葉が必要でした。犯罪予防の段階ではまだ「犯罪者」はいないので、別の言葉が必要です。そこに出てきたのが「不審者」でした。

「不審者」という言葉がはじめて使われたのは、文部科学省が２００２（平成14）年に作成した危機管理マニュアルのタイトルでした。このマニュアルは、前年に起きた大阪府の小学校での無差別児童殺傷事件を受けて作成されたものなので、「不審者」とは、ここでは「侵入者」を意味していました。しかし、「不審者」はその後、拡大解釈され、「犯罪を起こしそうな人」「怪しい人」といった、厳密な定義を伴わないフワフワとした印象をまとった言葉として広く使われるようになりました。

犯罪原因論を背景に、「不審者」に注意して犯罪を予防することが極めて難しいというのは、すでに第1章で述べた通りです。それどころか、「不審者」は見分けられるという思い込みは社会不安を増大させることになります。

外見で判断して不審者を見分けようとすれば、外見的な特徴が平均的な日本人と異なる人にその対象を求めるようになります。たとえば、外国人やホームレス、障害者などです。中国人やホームレスを不審者扱いしていた地域や学校がありました。こうした意識を子どもに植えつけることは、差別の芽を育てることになります。

外見で判断するという、そもそも不可能なことを子どもに強要すれば、子どもは最終的には「人を見たら泥棒と思え」ならぬ、「大人を見たら不審者と思え」となり、対象は普通の大人に広がっていきます。

そうなると、すべての大人は信用できない人と映るようになります。こうした子どもが大人になったとき、果たして地域に愛着が持てるでしょうか。

保護者もまた、子どもを守るために、同じ地域に住んでいても面識のない人を「不審者ではないか」という目で見るようになります。すると相互不信を招き、地域の絆《きずな》は分断されていきます。子どもを守るには地域のつながりが必要不可欠なのに、目的と逆行する恐れがあるのです。「不審者」を見つけようとすればするほど、犯罪が増えるという皮肉な結果になる可能性があるということです。

犯罪者が好む場所

これまで述べてきましたが、不審者などの「人」ではなく、危ない「場所」を避けるほうが、犯罪に遭わないためには効率的です。

普通、捕まろうと思って罪を犯す人はいません。犯罪を行っても捕まらずに逃げられると思ったときに実行に移します。つまり、犯罪者は場所を選んで犯行に及ぶのです。その場所の傾向を分析して出てきた答えが「入りやすく」「見えにくい」場所というわけです。

そもそも「入りやすく」「見えにくい」場所にはできるだけ近づかないようにすることで、犯罪から遠ざかることができますし、子どもが誰か大人に声をかけられたときでも、その場所が「入りやすく」「見えにくい」場所であるとわかれば、自分が騙されそうになっていることに気づけます。

では、「入りやすく」「見えにくい」とはどんな場所なのか、もう少し具体的に見ていきましょう。

まず、車道と歩道の間にガードレールがない道です。ガードレールがあれば、それが邪魔になって子どもをすぐに車内に連れ込むことができないため、誘拐犯はそうした場所には現れにくいと言えます。逆にガードレールのない道は犯罪者が「入りやすい」場所になるので、犯罪場所に選ばれやすいのです。植え込みもガードレールと同じ効果を発揮します。

また、幹線道路から一本入った道も「入りやすい」場所になります。子どもの事件ではありませんが、2007（平成19）年に愛知県名古屋市で女性が帰宅途中に車に無理矢理連れ込まれたのも、バスが走れるような幹線道路から少し入った道でした（被害者女性はその後殺害されました）。この道にもガードレールがありませんでした。マスコミはこの事件を「場当たり的な犯行」と断じましたが、少なくとも犯行場所は周到に選んでいた可能性があり、計画的であることを匂わせます。

2006（平成18）年に兵庫県西宮市で起きた女児誘拐事件では、駅前広場に設置されていた遊具のある場所で連れ去られています。この遊具の周囲にはフェンスも何もなく、親でもない大人が自由に通り抜けできました。「入りやすい」場所であったわけです。

西宮女児誘拐事件の連れ去り現場。駅前広場の遊具はフェンスで囲われておらず、誰でも自由に通り抜けできる「入りやすい」場所だった

もし、この遊具の周辺にフェンスや柵などがあれば、容易には入ってくることができず、またすぐに逃げることもできないので、そこは「入りにくい」場所となり、犯人は犯行を思いとどまったことでしょう。

日本の公園は危険がいっぱい

日本では公園とトイレは最も危険な場所です。

日本の公園は、誰もが自由に出入りできる空間として設計されています。海外でも公園は基本的に誰もが自由に出入りできますが、中の構造が違っています。欧米では広々とした公園でも遊具を一か所に集め、その周囲をフェンスで区切ってあります。そうしておけば、そこに大人がいたら目立つので犯罪者は近づけません。

加えてフェンスの外側には、遊具を背にするようにベンチが置かれている場合もあります。犯罪者はターゲットを定めようと、周囲から子どものほうに顔を向けます。すると、保護者と目が合ってしまうので、犯罪者はこうした場所を連れ去り現場には選ばなくなります。遊具に向くようにベンチが置かれている日本とは対照的です。

さらには、犬を連れた人も公園内のドッグゾーンで一緒に遊べるようになっています。日本では公園で犬を放すことができないので、散歩の通り道にしかなっていませんが、ドッグゾーンで人が犬と一緒に公園に滞在できるようにすれば、人の目が生まれますから子どもが安全になるのです。

海外の公園は、基本的にこのようにゾーンが区切られています。これをゾーニングと言います。子どもはここ、大人はここ、犬を連れた人はここという具合にゾーンが分かれていることで、それ以外の人間が「入りにくい」場所になっているのです。

日本のマンションには、ちょっとした公園や緑地が付属していることがよくあります。

ニュージーランドの児童公園。遊具の周囲はフェンスで区切られており、外向きに置かれたベンチに座ると、子どもを守る見張り番のようになる

法律でそうしたスペースをつくるように促されているのです。

ところが、こうした公園も深く考えずにつくったものがほとんどで、防犯面が考慮されていない、入りやすく見えにくい危険な場所がたくさんあります。

犯罪機会論が浸透している国では、公園の場所と建物のレイアウトは一体化しています。公園は決して「オマケ」ではないのです。大きな公園ではトイレの場所を決めるのにも神経を使います。設置の基準はやはり「入りやすい」「見えにくい」場所を避けることです。

そうしたことに無頓着なまま、遠くの公

園は危ない、マンションのすぐ下の公園なら安全だと思うのは危険ですから、十分気をつけたいところです。

トイレは絶対に子どもひとりで行かせない

公共のトイレも男性、男性の障害者、女性、女性の障害者というふうにゾーンで区別するのがベストです。海外のトイレはこの４つのゾーンに区切られているケースが多いのです。

一方、日本のトイレでよくあるのは、男子用、女子用、障害者用トイレの３つに区切られているケースです。とくに障害者用トイレは、「だれでもトイレ」などという名前がつけられ、誰もが利用できるようになっています。誰でも入れるというのは、「入りやすい」場所ですから、防犯的には最悪になってしまいます。障害者が男女で同じトイレを使うのは先進国では日本ぐらいですから、障害者団体が声をあげて変えてほしいと思います。また、公共施設のトイレに子どもひとりで行かせるのはとても危険だということを認識してください。

4つにゾーニングされた韓国の公共トイレ。左手前が男性用、左手奥が女性用、右手前が男性障害者用、右手奥が女性障害者用

余談になりますが、ノルウェーのオスロ空港の荷物の引き取りスペースでは、身体障害者用の優先スペースが確保されています。これは世界でもあまり例を見ません。やはり北欧は障害者への対応が進んでいると感じました。

欧米ではあらゆる施設で防犯面が考慮されています。たとえば、個室のトイレで下が大きく開いているのは見えやすくするためです。足が4本見えたら中で排泄《はいせつ》以外のことが行われていると疑うことができます。日本人は慣れていないので違和感を抱くようですが、防犯上の観点からあのような造りになっているのです。

身体障害者用の個室トイレは、引き戸にする必要があるので、レールが設置されていて下を開放することができません。そのため、オーストラリアではドアをすりガラスにして、うっすら中が見えるようになっていることもあります。

店舗のトイレも要注意

店舗でも規模が大きくなると、見えにくい場所が出てきます。たとえば、郊外型のショッピングモールです。階段の踊り場などの見えにくい場所にトイレがあったりしますが、そこで誘ってトイレに連れ込むということが考えられます。

店舗のトイレで起こった事件としては、２０１５（平成27）年に奈良県香芝《かしば》市で起きた小６女子児童の誘拐が記憶に新しいでしょう。

７月４日の午後１時50分ごろ、香芝市のリサイクルショップに家族４人で訪れていた女子児童が「トイレに行く」と言い残し、北館から南館のトイレへ向かったあと、行方不明になりました。

容疑者の男は南館に隣接する駐車場に車を駐め、そこから歩いて数十歩のトイレで女子児童を拉致し、自分の車に乗せて隣の大和高田市《やまとたかだ》の自宅に連れ去り、監禁していました。幸い女児は保護されましたが、一歩間違えば命が危なかったかもしれません。

女児が行方不明になったリサイクルショップ南館のトイレは、建物の裏手の奥まった場所にあったため、利用するには店を回り込む必要がありました。そこを出入りする人の様子は駐車場からよく見えました。男は車内から物色できるので怪しまれにくかったのです。このような施設は、犯罪者にとっては絶好の場所になります。

この場所を改善するなら、駐車場と、店舗・トイレのある建物の間にフェンスを設置して隔てることです。そうすれば、駐車場からトイレに行くにはフェンスを回り込まなければならず、そのぶんだけ人目につく可能性が高くなるので、犯行現場に選ばれにくくなります。さらにトイレの前に監視カメラを設置すれば、フェンスを回り込んでトイレまで歩いていく姿が映像に残ってしまいますから犯人は嫌がります。

こうした事件が起こらないようにするために、欧米では男子用トイレと女子用トイレが別々のところに設置されていることも少なくありません。建物の表側と裏側にあったり、通路を挟んで反対側にあったりします。男子用トイレと女子用トイレを別々の場所に設置すれば、女子用トイレの前を男がうろついていれば明らかに目立ちますから、犯行現場として選ばれにくくなるのです。

日本では、男女の入口が隣接していたり、入口がひとつで中で左右に分かれているという構造の公共トイレをしばしば見かけますが、これは犯罪者にとって「入りやすい」危ない場所にほかなりません。

犯罪抑止の3要素

ここまで述べてきた犯罪機会論は、犯罪の要因となるもののうち、取り除ける可能性が高いものを重視するという考え方で発展してきました。これを実際の防犯に役立てようとするときには、抽象的な概念だけではその理論を有効には使えません。誰もが、いつでも、どこでも実践できる理論として、単純化することが必要です。

そこで私が考え出したのが「犯罪抑止の3要素」です（77ページ参照）。

3要素とは、「抵抗性」「領域性」「監視性」を指します。この3つの要素を高めることが犯罪抑止に寄与することになります。

犯罪抑止の3要素

標的

抵抗性

(ハード面) **恒常性**
(例:ドアロック、マーキング、強化ガラス、防犯ブザー、非常ベル)

(ソフト面) **管理意識**
(例:リスクマインド、指差確認、整理整頓、健康管理、情報収集)

場所

領域性

(ハード面) **区画性**
(例:ガードレール、フェンス、ゲート、ハンプ、ゾーニング)

(ソフト面) **縄張り意識**
(例:町内パトロール、民間交番、警備員配置、防犯看板、受付記帳、パスポート)

監視性

(ハード面) **視認性**
(例:ガラス張り、植栽管理、防犯カメラ、ライト、ミラー、モニター付きインターホン)

(ソフト面) **当事者意識**
(例:清掃活動、挨拶運動、一戸一灯運動、花壇づくり運動、ボランティア活動)

この3つの要素には、それぞれ物理的な要素（ハード面）と心理的な要素（ソフト面）があります。

まず、1つ目の「抵抗性」とは、犯罪者から加わる力を押し返す性質のことです。犯罪行為に対抗する強度を意味します。犯罪者が犯行をしようとするとき、それに抵抗する力が強ければ強いほど被害に遭いにくくなります。

抵抗性は、物理的な「恒常性」と心理的な「管理意識」から成り立っています。物理的な「恒常性」とは、ドアロックや強化ガラスなど一定して変化しない状態のものを指します。心理的な「管理意識」とは、「後ろを歩く人が危害を加えてくるかもしれない」といった危険予測思考であったり、指差確認、整理整頓、健康管理、情報収集などがこれに含まれます。

2つ目の「領域性」とは、犯罪者の力が及ばない範囲をはっきりさせる性質のことです。犯罪対象へのアプローチの難易度を示します。領域が区切られていると、犯人はその中に入っていくことが難しくなり、犯罪をしにくくなります。

領域性は、物理的な「区画性」と心理的な「縄張り意識」から成り立っています。物理的な「区画性」とは、ガードレール、フェンス、ゲートなどによって境界を設け、他から区別されている状態を指します。心理的な「縄張り意識」とは、町内パトロールであったり、防犯看板、警備員配置、またイベントの際の受付記帳や、入国の際のパスポートなどのように、犯罪者の侵入を許さない意思のことを指します。

３つ目の「監視性」とは、犯罪者の行動を見張り、犯行対象を見守る性質のことです。犯罪行為が目撃される可能性を意味します。監視性が高ければ、犯罪者に「犯行を見られるかもしれない、通報されるかもしれない」と思わせることができ、事前に犯行を諦めさせることが可能です。

監視性は、物理的な「視認性」と心理的な「当事者意識」から成り立っています。物理的な「視認性」とは、防犯カメラ、ガラス張り、ライト、モニター付きインターホンなどで、周囲からの視線が犯罪者に届く状態を指します。心理的な「当事者意識」とは、地域の清掃活動や挨拶運動、花壇づくりなどのボランティア活動、市民性教育などのように、主体的にかかわろうとする意識のことを指します。

「抵抗性」はひとりひとりが高める性質のものであり、「個別的防犯」の手法ということができます（「標的」とされる個々人が持つ抑止力）。これに対して「領域性」と「監視性」は人々が協力して全体の安全性を高める性質のものであり、「集団的防犯」手法ということができます（標的を取り巻く環境＝「場所」が持つ抑止力）。

これらの3要素を総合して高めていくことが、防犯能力を押し上げていくことにつながります。

犯罪者と出会わせないよう領域性と監視性を高める

「犯罪抑止の3要素」のうち、犯罪機会論でとくに重視したいのが領域性と監視性です。

抵抗性を高める取り組みは、日本においては防犯ブザーや護身術などで数多く行われてきました。しかし、これまで述べてきたように、抵抗性を高めたとしても、それが発揮されるのはすでに犯罪者が目の前にいる状態です。とくに力の弱い子どもは、どんなに訓練を重ねても抵抗性を高めるのには限界があります。子どもに対して、犯罪者に抵抗せよというのは酷というものです。

ですから、子どもが犯罪者と出会わないようにしなければなりません。そのためには、

犯罪抑止のメカニズム

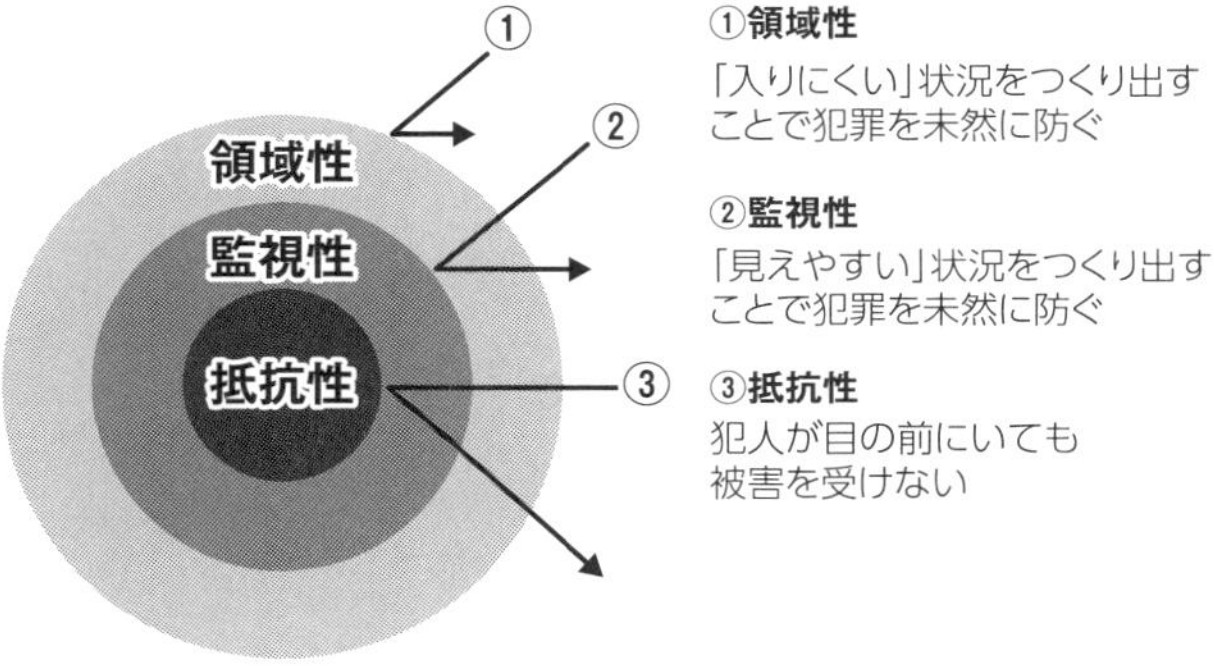
①
②
③
領域性
監視性
抵抗性
①領域性
「入りにくい」状況をつくり出すことで犯罪を未然に防ぐ
②監視性
「見えやすい」状況をつくり出すことで犯罪を未然に防ぐ
③抵抗性
犯人が目の前にいても被害を受けない

子どもの防犯には領域性と監視性がより重要

領域性と監視性を高めること。つまり、人々が協力して、集団で子どもの安全性を高めることが、犯罪の予防にはとくに重要になるということです。

領域性が高ければ、犯罪者はターゲットに簡単には接近できませんし、監視性が高ければ犯行の発覚、通報を恐れて犯行を未然に諦めさせることができます。

本書で繰り返し述べているキーワード「入りやすい」はこの領域性のことを、そして「見えにくい」は監視性のことを意味します。犯罪者は領域性と監視性の低い場所を選んだあとで、抵抗性の低い人を選んで犯行に及ぶのです。

第3章

子どもを守るためにあなたができること

「危ない場所を見分ける力」を上げる子どもとの日常会話

ここまで、子どもを犯罪から守るには、犯罪者に出会ってから逃げたり抵抗したりするのではなく、そもそも犯罪者に出会わないようにすることが重要であると繰り返し述べてきました。それが可能なのは、犯罪者が場所を選んで犯行に及ぶからです。

では、子どもが犯罪者に出会わないようにするために、保護者は具体的にどんなことができるのか。本章ではそれを考えていきたいと思います。

保護者は、ありとあらゆることができます。子どもと道を歩きながら危ない場所を教える、地域安全マップの授業をしっかり受けさせる、ホットスポット・パトロールをしっかり行う。また、監視カメラを設置するとか、緊急非常ベルを設置するなどの方法も考えられます。

私の防犯教育では未就学児対象の講習も設けています。小学生になると、「不審者に気をつけて」というのをあまりにも周りから頻繁に言われるので、どうしても人に目が行ってしまいますが、まだ防犯意識も何もない真っ白な状態の幼児のときから教育を始めるのは、非常に効果的です。犯罪機会論をそうした小さな子どもにもわかるように言って聞かせると、すぐに景色を見るようになります。

家庭でも、たとえば子どもと一緒に歩いて買い物に行くときに、道路沿いに建物の窓が並んでいるから安全、ないから危険、などを言って聞かせるようにします。

子どもが巻き込まれる事件が起こったときには、ニュースを見ながら、「こんなところで事件が起こったんだね。ここは窓がないから危ないね」などと親子で会話をする中で、自然と学べるようにすることです。

実際には、親は子どもと歩いているときに、「ここは車が急に飛び出してくるから気をつけるんだよ」という話はしても、「ここで話しかけられたら、連れていかれる可能性が高いんだからね」という話はなかなかしないと思います。しかし、「車に気をつけて」という会話をするのと同じように、「こういう場所で近づいてくる大人に気をつけて」という会話を日ごろから頻繁にしておくことが大切です。

交通安全と同じように、防犯についても、家庭の中で普段から親が子どもに教えていくべきなのですが、そうはなっていないのが現状です。

したがって、学校でより重視すべきなのは、交通安全教育よりも防犯教育と言えるでしょう。家庭でまだまだ防犯教育が行われていない分、学校で力を入れる必要があるのです。

電車、新幹線は危ないか？

ガードレールのない道、木々に覆われている公園、フェンスで囲われていない遊び場、男女の入口が隣接した公共トイレなど、これまで挙げてきた場所のほかに危ない場所はないでしょうか。

たとえば、電車、新幹線はどうでしょうか？

これらの公共交通機関では、混み具合によっても監視性は変わってきます。乗客が少ないときは、人の目がないということですから、周りに窓がないのと同じで、見えにくい場所になります。

では人がたくさんいればいいかというと、不特定多数の人ばかりですから、人通りが多い道と同じで、これもあまり期待できません。

子どもに関わる犯罪ではありませんが、電車内では置き引きがよくあります。乗客がたくさんいてもやられてしまいます。堂々と持ち去られると、見ているほうには、その人の持ち物なのだろうという考えが働きます。危害を加えられるかもしれないという思いも一瞬頭をよぎりますから、怪しいと思っていてもなかなか声を出すことができません。

だから、電車内でもトイレに連れ込まれて強姦事件が起こることがあります。新幹線でもありましたし、特急電車の座席でわいせつ行為をしていたのを周りの人も認識していたのに、誰も何もできずに事件になったケースもあります。カップルかもしれませんから、声をかけられないのも無理はありません。やはりこうした場所では子どもを絶対にひとりにさせないということを徹底するしかありません。

交通機関以外でも、たとえば図書館などで親が職員と話して顔見知りになっておけば、目配りをしてくれますから、異変があったときに気づいてもらいやすくなります。職員の目があることで、そこが見えやすい場所になるのです。職員とはなるべく仲良くしておいて、できれば親が紹介するかたちで子どもと職員を引き合わせておけば、環境はさらによくなるでしょう。

子どもの車内マナーが危険を招く

私が見ていて危険だと思うのは、子どもの電車内での振る舞いです。座席の上に土足で立ったり、車内を走り回っている子がたまにいます。マナーに反した行為は、とくに夕方の時間帯は非常にリスクが大きくなります。

夕方以降の時間帯はサラリーマンなどみんなが疲れていて、ストレスがたまっています。そういうときに子どもがうるさくしていると、表立って殴ったりはしませんが、足を出してつまずかせたり、子どもの持ち物をわざと落としたりするかもしれません。

電車内は家の中とは違うということを、親が子どもにしっかり言って聞かせる必要があります。大人同士でもストレスから言い争いをしている例をよく見ますから、子どもがその標的にならないとも限らないのです。

とくに小学生が塾からの帰りに電車に乗っていたりすると、学歴コンプレックスを持っているような大人から嫌がらせを受けるかもしれません。子どもを痛めつける犯罪の場合には、学歴コンプレックスは動機になります。２００１（平成13）年に大阪で起きた小学生無差別殺傷事件は、優秀な児童が集まるとされる学校が標的にされました。

犯罪の動機には、精神的なものと物質的なものがあります。物質的なものとは、お金欲しさに行う犯行です。精神的なものとは、嫉妬です。人間がいくら物質的に豊かになっても、嫉妬の感情はなくなりません。学歴、容姿、会社での地位などがその理由になります。そうしたストレスのはけ口として向かいやすいのが子どもだということです。大人に対しては暴力をふるえない人でも、子ども相手なら勝てるからです。

電車内でものを食べたり、化粧をしたり、爆睡するなどして、家の中と同じようにして過ごしている大人はいまだに多く見られます。親は公共の場では油断しないで、常に警戒心を怠らない態度を、率先して子どもに見せることが必要です。

自分でバリアをつくる

スマホ（スマートフォン）を見ながら道を歩いているような人は、犯罪者からすると格好のターゲットになります。スマホを見ていたために尾行されていることに気づかず、部屋に入ったとたんに後ろからきた犯罪者に押し倒され、部屋に侵入される事件も起こっています。

家は入りにくい場所であるはずなのに、自分で開けて、入りやすくしてしまっています。こうした犯罪に遭わないためには、周囲を確認して、近づかれていないかどうかを絶えずチェックして警戒することが大切です。

警戒すると、そこに見えないバリアが張られたように犯人には見えます。このバリアは、普通の人には見えませんが、犯人からはよく見えるのです。バリアができると、入りにくい場所になります。最後は自分の力で、入りにくい場所をつくるようにすることです。

2013（平成25）年に三重県で起こった事件では、花火大会を見に行った女子中学生がスマホを見ながら歩いていて、尾行されていたことに気づかず、帰途の空き地で殺害されました。「あとをつけられているかもしれない」と思ったときには、次のような行動を取ることでバリアを張ることができます。

1　歩く側を変える（道の右側を歩いていたら左側に、左側を歩いていたら右側へ）。後ろから来る人も歩く側を変えたら、再び左右を変える。それでも相手が左右を変えたら110番通報する。

2 歩く速度を変える。しばらく早歩きして、後ろから来る人も等間隔でついてきたら、小走りする。それでも相手が等間隔でついてきたら110番通報する。

3 安全な場所で立ち止まる。立ち止まった場所で電話をするふりをして（実際は電話せず、いつでも110番通報できる態勢をとる）相手の様子を観察する。大きな声で「待ち合わせの場所に着いた」と電話口で話しながら、後ろから来た人を先に行かせる。相手も立ち止まったら110番通報する。

こうした指導をすると、「そんなに簡単に110番していいのですか」という人が多いのですが、まったく問題ありません。緊急性のある通報に対して、警察が問題視することは絶対にありませんから安心してください。

子どもにも、こういう状況でこういう行為をした人がいたら、躊躇《ちゅうちょ》なく通報していいのだと教えてあげてください。真面目な子ほど110番をするハードルが高くなってしまっていますが、躊躇して犯罪に巻き込まれては意味がありませんから、こういうときこそ110番してほしいと警察は考えているのです。

こうした見極める基準を持っておけば、自信を持って110番できます。

日本では集団で登下校をする地域がありますが、していない地域も多く見られます。近所の子とできるだけ複数人で登下校するようにしたほうがいいでしょう。

欧米では学校はもちろん、家に帰ってきて友だちの家に行くというときでも、親が送迎します。しかも友だちの家に行っても、その友だちの親が出てくるまでその場を離れてはいけないことになっています。必ず大人同士で引き渡しをすることが暗黙の了解なのです。

私はイギリスで犯罪機会論を学んでいるときに、学校への送迎をしたことがありますが、3分の1は父親でした。日本もそうするべきという議論がありますが、日本では職住近接が進んでいないので難しいと思います。東京のように、職場から自宅近くの学校まで1時間もかかるような場合に、子どもを迎えに行ったり戻ってきたりしていたら仕事にならないからです。

ただ、最近は自宅でできる仕事を増やしていこうという取り組みがいろいろとなされていますから、長い目で見ればそうしたことも可能になっていくかもしれません。週に何日かは自宅で仕事をしたり、何日かは半日出勤にするということができるなら、積極的にその制度を活用して、子どもの送迎に取り組んでほしいものです。

朝活で仕事を前倒しすることで、夕方早めに職場を出るということもできるでしょう。国が本気になれば、そうしたことは可能になるはずです。

子どもが自宅のカギを持っていて、学校から帰ってひとりで留守番するということは欧米諸国では考えられません。多くの国では、家に子どもをひとりにしておくことはネグレクト（育児放棄）に該当し、児童虐待と認識されます。

やはり中学生になるまでは子どもをひとりで留守番させたくないものです。そのために学童保育があるわけですが、いまは飽和状態で待機児童が出ている学校も多いようです。

ＯＥＣＤ加盟国の中では、日本は突出して子どもにかける予算が少ない国になってしまいました。こうした環境を整えるように声をあげていくことも、親ができる防犯対策だと思います。

「地域安全マップ」づくりで景色解読力を高める

犯罪機会論の視点と手法を誰もが楽しく学べるようにと、私は2002(平成14)年に「地域安全マップ」というものを考案しました。マップを作成する過程で、景色解読力を高めることを意図したものです。

地域安全マップづくりの目的は、危険性のある場所かどうか、その場の景色を読み取る能力を高めることにあります。したがって、「マップづくり」と言いながら、実際は能力の向上を目指す「人づくり」であって、地図をつくるという「物づくり」ではないということをまず念頭に置いてください。

子どもは常に地図を見ながら歩くわけにいきませんから、何も見なくてもこの景色が安全かどうかを判断できなければなりません。その能力を高めるのが地域安全マップづくりというわけです。

こうした景色解読力を高めていけば、はじめての場所に行ったときでも、その場所が危険かどうか判断することができます。それまで何気なく見ていた景色が、違った意味を持った景色に見えてくるようになるのが理想です。これまで述べてきた犯罪機会論の知識があれば、景色はある意味を持って見る者の目に映るようになります。

マップをつくることで子どもたちの景色解読力が高まれば、その子が犯罪に巻き込まれる確率が低下します。これがマップ作成の最大かつ最重要の効果です。

前述した大阪の小学校での事件のあと、この学校でも地域安全マップの授業が行われ、それにより児童の危険予測能力が向上したと、同校の2人の教諭は結論づけています。また、東京都目黒区の五本木小学校では、地域安全マップの授業後にひとりで登下校する児童の数が減ったといいます（朝日新聞2005年12月1日付）。同中央区の日本橋小学校でも、地域安全マップの作成時に指摘された危険な道を、子どもたちはその後、通らなくなったといいます（毎日新聞2007年3月26日付）。

地域安全マップの作成で危険予測能力が向上することは、すでに立証されているのです。

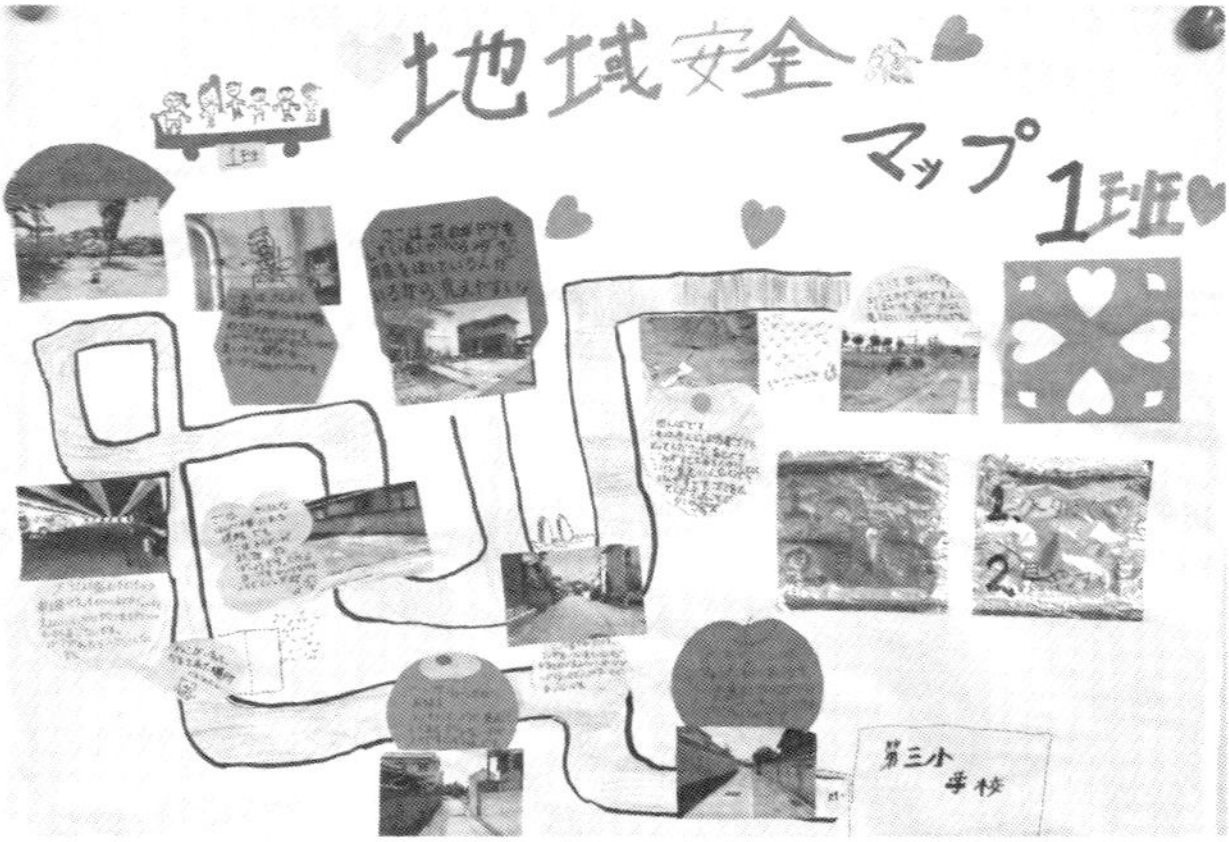

地域安全マップづくりの目的は、景色解読力の向上を目指す「人づくり」

　こうした効果は、地域社会における犯罪発生率の低下にも寄与します。犯罪機会論が普及すれば、地域社会を基盤とした防犯活動が展開されることが期待できるからです。大阪府寝屋川《ねやがわ》市では、小学校での地域安全マップづくりのあとに、子どもたちが指摘した危険個所を近隣住民が改善しています（読売新聞２００６年11月16日付）。
　さらに総務省の『地域づくりキーワードＢＯＯＫ―地域コミュニティ再生』には、地域安全マップづくりの授業のあとに、街頭犯罪の発生件数が減少した大阪府八尾《やお》市のケースが報告されています。子どもの視点がきっかけとなって、地域の安全が向上

危険な場所、安全な場所の写真を撮影。危険な理由、安全な理由を、さまざまな色や形のコメント用紙（折り紙など）に書き込んで貼りつける

した好例と言えるでしょう。

グループ全員で作業を分担

では、地域安全マップの実際のグループワークの方法を解説していきましょう。

最初に犯罪機会論の基本的な理論（「入りやすく」「見えにくい」場所に注目する）について受講したうえで、5～7人がひとつの班を形成し、分担地区を決めて街に出ます。たとえば、6人の場合なら班長、副班長、写真係、地図係、インタビュー係2名という具合に班員それぞれに役割を分担します。

地域安全マップづくりでは、実際に地域

を歩いて、そのグループごとに1枚のマップをつくります。誰もが「入りやすい」場所と、誰からも「見えにくい」場所を洗い出して（逆に「入りにくい」場所や「見えやすい」場所を探してもかまいません）マップ上に記載していきます。地域を歩きながら、「入りやすく」「見えにくい」場所としてどんなところが該当するのか、班員で意見を出し合います。

その中で写真係は、班員から意見の出てきた危険な場所や安全な場所をカメラに収めていきます。そのときには、人の顔や家の中を撮影しないようにあらかじめ注意しておきます。

地図係は、危険な場所や安全な場所を地図に書き込む作業を行います。写真を撮影した場所やインタビューを行った場所を地図上に記録するのも地図係の役割です。

インタビュー係は、地域住民の家を訪ねて、日ごろから感じている危険な場所とその理由を聞き、その回答を記録する作業を担当します。

探検隊になった気分で、楽しんでフィールドワークを行うことで、座学で学んだ犯罪機会論を体験的に復習することができます。

地域安全マップのフィールドワーク。役割分担し、グループで１枚のマップを作成

こうして担当地区の調査を終えたら、教室に戻っていよいよマップづくりを始めます。マップには撮影した写真を貼り、それに合わせて撮影した理由を吹き出しなどにして書き込みます。その際は必ず「入りやすい」「見えにくい」という２つのキーワードに即して書くようにします。

マップが完成したら発表会を開いて、各班ごとに写真やコメントについて解説します。保護者や地域住民を招けば、コミュニティの防犯意識を高めることにもつながります。

できあがったマップは学校の廊下などに貼り出して、常に見えるようにしておくのがいいでしょう。また、マップそのものを写真に撮り、大きく引き伸ばして印刷し、チラシとして地域住民に配布したりすれば、さらに地域の関心を高めることにもつながります。

2つの副次的効果が判明

地域安全マップの作成をすると、景色解読力が向上することのほかに、2つの副次的な効果があることが近年わかってきました。

ひとつは非行防止、もうひとつは学力向上の効果です。

まず、非行防止の効果について説明しましょう。

イギリスの市民性教育では、非行の原因について多くの研究が行われ、歴史ある理論が存在します。非行防止の方法論がなかなか確立されないだけで、原理原則は解明されてきているのです。その原理原則とは、非行に走る子には「3つの絆」がないということです。その核心部分は、「社会的な絆理論」と呼ばれています。社会的な絆があれば、そう簡単に非行に走らないということです。地域安全マップをつくることでこの「3つの絆」ができるのです。

ひとつは「他人との絆」です。地域安全マップはグループワークでマップづくりをしていきますから、自然に友だち同士で仲良くなれます。これは大人でも同様で、仲良くなるためにマップづくりをするところもあります。たとえば、マンションの住民同士が仲良くなるために、地域安全マップづくりをするといったことが実際に行われています。

地域安全マップづくりに取り組んだ学校の中には、いじめがなくなったという報告もあります。ある学校で「グループで活動したら、いじめが悪化するから、地域安全マップづくりはできない」と言ってきた教師がいました。私は逆ですと反論しました。

みんなで協力することで自然と仲良くなるはずです、とにかくやってみましょうと説得しました。実際にやってみてからしばらくして、「先生、本当にいじめがなくなったんですよ」と、その教師が報告してくれました。

大人社会のいじめと子ども社会のいじめは違います。大人社会のいじめの多くは、嫉妬が原因で起こります。「あいつばかり評価されている」「上司に気に入られている」とか「なんであいつばかりモテるんだ」といった嫉妬です。根が深いものがあります。しかし、子ども社会では嫉妬をするほどの情報は得られません。その子の家の状況がどうこうといったことは子どもにはよくわかりません。

子どものいじめは嫉妬からではなく、暇だから起こることが多いのです。暇でつまらないから、何か刺激が欲しいとか、悪ノリがエスカレートしたといったことでいじめが始まります。あるいは、「家で親に怒られた」せいでイライラしているとか、そんなことが原因になるのです。

海外の非行防止対策で中心的に行われるのは、子どもを暇にさせないことです。学校が終わってもスポーツをさせるとか、習い事をさせるなど、何か打ち込めるものをつくってやることが重要だと考えられています。

マップづくりは忙しいので、いじめをしている暇がありません。どのグループが一番いいマップをつくるかという競争が始まりますから、みんな夢中で取り組みます。それまでいじめの対象だった班員にも何かやらせたほうがいいマップができるので、自然に仲間はずれが解消します。だからいじめがなくなっていくのです。

子どものいじめはもともとたいした理由もなく始まるので、一緒にマップづくりをするだけで終わります。簡単に始まり、簡単に終わるのが子どものいじめなのです。

さらには、不登校の防止にもつながった例があります。札幌のある小学校で地域安全マップの教室を開いたとき、ずっと不登校を続けていた児童が参加してくれたことがありました。おとなしく引っ込み思案の子どもでした。その日は、「通常の授業ではなく、変わった授業をするからおいで」と先生に誘われたそうです。

好奇心から、思いきって参加したその子どもは、マップづくりを楽しんで夢中になって取り組みました。すると、翌日からその児童は登校してくるようになったそうです。地域安全マップづくりが絆の再構築のきっかけになったのだと思います。

絆があれば非行は防げる

2番目は「社会との絆」です。自分が社会とつながっていることがわかれば、非行に走らないということです。

マップづくりでは地域の人に「近所に危険な場所はないですか？」と尋ねて回ります。ほとんどの人は犯罪機会論のことを知りませんから、たいした情報は出てきません。しかし、それでもいいのです。

マップづくりで地域の人にインタビューをする本当の目的は、知らない人と話をさせて、地域にはいろいろな人が住んでいると知ってもらうことなのです。「知らない人」といってもみんなが不親切ではないし、中には面白いおじさん、優しいおばさんもいることを知ります。それによって、地域には、実は自分たちを守ってくれるいい人がたくさんいるのだということを、子どもたちに気づかせることができます。そうすれば子どもは地域が好きになります。地域を回るだけでも、そこを好きになるのです。

反対に、非行に走る子は自分の地域が大嫌いです。犯罪や非行をすれば、地域にダメージを与えられると考えます。これは非行に走る子が親に対して持つ感情と同じです。非行をしない子は、親にダメージを与えてしまうと考えて踏みとどまりますが、逆に非行をする子は、親にダメージを与えたくてやるのです。それと同じことが地域に対しても言えます。地域に対する愛着が強ければ強いほど、非行には走りません。社会との絆、地域との絆が大切です。

最後の3番目は「未来との絆」です。

マップづくりは景色解読力を高めることが目的で、実際にはマップをつくるためのものではありませんから、本当はフィールドワークで終わってもいいのです。マップそれ自体に意味はありません。逆に言えば、マップにこだわりすぎて、マップに危険だと記していないところで警戒を怠ってしまっては意味がありません。

それでもなぜ学校でマップづくりをさせるかというと、成果物を残したいという、ただそれだけのことなのです。子どもにとっては最終的なゴールが見えることによって、やる気が維持できます。

マップづくりではカラフルなペンを使ったり、写真を撮って貼りつけたりします。絵を描いたりすることもあります。景色解読力を高めることが目的なら、写真とコメントだけあればいいじゃないかと考えがちです。しかし、そこには教育的な意味があります。

学校にはさまざまな子がいて、中にはコメントを書くのが苦手な子もいます。能力的にできない子もいれば、集中することができないので書けない子もいます。そういう子に何もさせないでいると、それが排除の始まりとなり、いじめ、差別のもととなります。排除された子は疎外感を抱き、厭世観《えんせいかん》にとらわれて、生き生きと人生を歩めなくなってしまいます。

しかし、地域安全マップづくりではコメントが書けない子にもできることがあります。絵を描かせるととても上手だったり、色紙を切り貼りするのが非常に得意な子もいます。学校の授業では気づかない別の能力があることにクラスメイトが気づき、その子のことをみんなが認めるようになります。すると、その子自身も「自分にもできることがある」と自信が持てるようになります。そして、もっと上の学校で学びたい、やりたい仕事に就きたいと考えられるようになっていくのです。これが未来との絆です。

非行に走ってしまう子は、こうした「未来との絆」が持てない子が多いのです。「どうせ自分なんか勉強したってしょうがない。ろくな仕事にも就けないに違いない」と思っているから、いまが面白おかしければいいと刹那的になり、より刺激を求めて非行に走るのです。

成績向上にもつながる

副次的効果の２つ目は、学力向上です。

マップという成果物をつくることの意味は、「形に残す」ことです。つくったマップは学校の廊下などに貼り出します。すると、子どもたちが毎朝、登校するたびに、「これは私が書いたコメントよ」とか「これは、僕が撮った写真だ」と自慢できるものが目に見えます。

自分がそのグループの一員として成果物の作成に貢献して、こんなに素晴らしいものができたということが残ります。これは子どもにとって大きな自信になります。

子どもには最初は小さなハードルを与え、それが越えられたら大げさに褒めて達成感を持たせることで、次への意欲を高めていくことが必要です。そうして少しずつ高いハードルを与えていくことで、気づいたときには相当高いハードルが越えられるようになっているのです。

それが最初から高いハードルだと、いきなり躓《つまず》いてしまい、達成感を得ることができません。「どうせ私なんか」という考えを持つようになってしまいます。ですから最初は小さい障害を与えることが大切で、それにはマップづくりは絶好の機会になります。

マップづくりでは、成果物をつくることも大切ですが、グループワークをすることと自体に意味があります。マップをつくって「危険な場所がわかったからもうやらなくていい」というものではありません。学校では、どの子どもも体験できるよう、取り組む学年を決めるなどして、毎年行うべきです。

こうして、児童が自信を持つようになったことがきっかけで、成績アップにつながった例があります。

地域安全マップの指導で東京・目黒区のある小学校を訪れたことがありました。そこの校長先生が自分の学校でぜひ地域安全マップづくりをやってみたいというので、私も気軽に受けたのです。

当日、マップづくりはうまくいき、子どもたちも喜々として取り組んでくれました。それから半年ぐらいして、その校長先生から電話がかかってきました。「実は、あのとき小宮先生を呼んだのは、地域安全マップづくりで防犯教育がしたかったわけではなく、別の目的があったんです」と言うのです。

その学校の学力は目黒区で最低水準だったのだそうです。何をやっても全然うまくいかず、何か学力向上の特効薬はないかと探っていた校長が偶然見つけたのが、このマップづくりでした。そうして実際にやってみたところ、マップづくりをした学年が、一斉学力テストで目黒区の一番になったというのです。

マップづくりは絶好の体験学習

このころはマップづくりが学力向上につながるなどということはまったく想定していませんでしたから、私自身がその話にびっくりしました。

最初は半信半疑でした。いくらなんでも1回のマップづくりでそんな劇的な効果があるわけがないと思ったのです。しかし、それからいろいろな研究をしていくうちにその校長の話を思い出し、もしかしたらこれは本当に学力向上に効果があるのかなという思いが強くなっていきました。

グループワークをすることによって、助け合う精神が生まれ、いじめがなくなります。そこに未来との絆ができることでチャレンジ精神も生まれてきます。やればできると実感できるので、当然、学習意欲も高まってきます。マップづくりで助け合って成果が出たという体験ができたことで、勉強を教え合ったりする雰囲気も生まれてきたと考えられるのです。

アメリカの研究でも体を使った体験学習の効果が報告されたことを知り、私の中で「半信半疑」は確信に変わっていきました。そのアメリカの研究とは、家から学校までのルートを覚えるとき、どの方法が最も効率的かを調べた実験です。

小学校に入ったばかりの子を2つのグループに分けて、一方のグループは実際に歩かせて覚えさせ、もう一方のグループは、ビデオで家から学校までの風景を見せて覚えさせたのです。

結果は、実際に歩いた子のほうが、ビデオを見た子の5分の1の時間で道を覚えました。同じ景色を見ているはずなのに、実際に見たのとビデオで見るのとではこれほど記憶の定着に差があるのです。つまり、足を使って、あるいは全身を使ってやるという方法で知識を吸収するほうが、記憶に残りやすいということがわかったのです。

身体を使って空間を認識することが、さまざまな能力を向上させることは、脳科学でも証明されているようです。地域安全マップづくりでは、全身を使った作業をするので、その結果、記憶力、観察力、集中力などが向上し、それらが相乗効果を生んで、学力を高めたと考えられます。

親が主導して学校の防犯教育を

親ができることとしては、子どもが犯罪機会論に即した考え方を身につけられるように、日ごろから景色の見方を教えてあげることのほかに、学校側に働きかけていくことも重要です。犯罪機会論という防犯教育の考え方があるのだということを、ぜひ学校に紹介してほしいと思います。

まず、学校でどんな防犯教育を行っているかを子どもから聞いて、その内容について担任の先生でも誰でもいいので話をしてみましょう。子どもが連れ去られるときは、騙されてついていくので、防犯ブザーや大声を出す訓練では、ほとんど防げないということを伝えてほしいと思います。犯罪機会論を知っている先生がいれば話は早いのですが、そうした先生がいることはまれなので、粘り強く話をしていくしかありません。

ＰＴＡを通じて、学校側に地域安全マップの作成を働きかけていくのもいいかもしれません。そのときには、学校や教師にやってほしいとお願いするのではなく、ＰＴＡが主体となって進めていくことです。たとえば、「私たちがグループワークの指導員を集めますので、やらせてください」と言えば、学校側としては格段に受け入れやすくなると思います。

地域安全マップの作成はグループワークですから、クラスの30人を6人ずつに分けると指導員が5人は必要です。犯罪機会論を学んで、地域安全マップの指導員になるための講習会がありますから、そうしたものを受けることです。

PTAが活発な学校では、PTAの行事として地域安全マップづくりを行っているところがあります。そうした地域では、住民をうまく巻き込んでボランティアとして手伝ってもらったり、警察や行政に支援してもらったりもしています。

「かわいい子には旅をさせろ」はOK、「はじめてのおつかい」はNG

今後、海外へはさらに行きやすくなるはずです。ですから、将来、海外で犯罪に遭わないためにも、子どものうちからきちんとした防犯教育を受けさせておくことは重要です。

危ないから行かせないというのは、成長のチャンスをつぶすことです。経験こそが自信の源泉です。なので、海外旅行にはどんどん行かせるべきですが、さまざまなリスクを教えたうえで行かせることです。

「かわいい子には旅をさせろ」というのは、チャレンジさせろということです。リスクを取る練習をさせなさいという意味でもあります。私はいつも「旅は人生のシミュレーションである」と言っています。旅をすることには、小さなリスクから始めて、そのリスクに対処する方法を学ぶことで、やがて降りかかる大きなリスクにも対応できるようになるという利点があります。

まずは国内旅行から。ひとり旅をさせるなら高校生になってからがいいでしょう。中学生ではまだちょっと危なっかしいです。一泊旅行も高校生なら許していいと思います。

小学生も高学年になると、子どもたちだけで遊園地に行くということがあるそうですが、中学生まで待ってほしいものです。大型のテーマパークの場合は、子どもだけで行くのは高校生まで待ってほしいと思います。

一方で、「はじめてのおつかい」は「かわいい子には旅をさせろ」とはまったく意味が違います。欧米諸国では幼児だけで買い物に行かせれば児童虐待と見なされます。「はじめてのおつかい」の対象となるのは、当然ながら中学生や高校生ではなく、未就学児か小学校低学年です。この年代の子どもをひとりにさせることは、海外ではネグレクトと見なされ社会的に許されません。

「はじめてのおつかい」は、あくまでもテレビスタッフなどの大人が周りで見守り、安全が確保されたテレビ番組の中でのみ成立するものであることを強調しておきたいと思います。

知らない大人とも話をさせよう

子どもの成長を考えたときに旅をさせるのがいいのと同様に、大人とも積極的にコミュニケーションを取らせたいと思います。「知らない人と話してはいけない」は、子どもにはあまりよくない言い方です。

なぜなら、知らない人とも堂々と話す子のほうが騙されにくいからです。さまざまな人と話をすれば、コミュニケーション能力が磨かれます。コミュニケーション能力が高まると、交渉能力も上がります。交渉能力が高い人のほうが、あらゆる騙しに強くなります。

ここでいう交渉能力とは、相手から情報を引き出す能力です。たとえば、どこかへ行こうよと言われたとき、こういう条件ならついていく、ということが言えたとします。そうやって話をしていくと、相手がぼろを出すのでおかしいと気づけます。「おかあさんが病院に入院してるから行こうよ」と言われたときなど、コミュニケーション能力のない子だと、「YES」と言ってついていくか、「NO」と言ってついていかないかのどちらかしかできません。しかし、交渉能力のある子だと「どこの病院？」とか、「どんなケガ？」と聞いて、相手がしどろもどろになるようならおかしいなと気づけます。

YESかNOしか言えないと、犯人の言うとおりに誘導される可能性が高くなります。常にNOと言っていれば騙されることも少ないのですが、反面、チャンスを失うことも多くなります。人間関係もなくなってしまいますし、有益な話も遮断してしまいます。

とりあえずは普通に話せばいいのであって、その際、中には悪い人もいることを子どもに伝えておくべきでしょう。

交渉能力を上げておくのと同時に、景色を読み解く能力を上げていれば、最終的にNOと言えます。たとえば、車に乗っている人が子どもに道を聞いてきたとき、ガードレールのある場所なら普通に話をすればいいし、ガードレールのない場所なら、危ないかもしれないので、「すいません。急いでいるので、ほかの人に聞いてください」と丁寧に言って立ち去ればいいのです。人は見た目ではわかりませんが、景色は見た目で「危ない場所」かどうかがわかります。

ただでさえ、子どもは親以外の大人と話す機会が限られているのですから、そうした機会をさらに減らしてしまうと、コミュニケーション能力の低い大人になってしまいます。

学校では来校者に挨拶をするように教えているところも多いようですが、そういう学校はだいたいよい学校です。よい学校はトイレのスリッパがきちんと整理整頓されているかどうかでわかります。スリッパが散乱している学校は、いろいろな面で指導が行き届いていないので、防犯教育も正しいかたちで行っていないことが多いようです。

家庭でも同じことが言えて、教育力の高い家庭では、子どもに知らない人から挨拶されたときでもきちんと挨拶を返すように教えています。大人とのコミュニケーションの機会をまったく遮断してしまうのではなく、大人との会話の中で騙されないコミュニケーション能力が磨かれるように誘導していくのが親の務めだと思います。

電話や宅配便にどう対応するか

子どもが家で留守番をしているときに電話がかかってきたらどうするか、宅配便が来たときにはどうすればいいか、という質問を親御さんたちからよく受けます。

なるべくなら中学生になるまでは子どもをひとりで留守番させないほうがいいのですが、職住近接が進んでいない日本では、やむを得ないこともあるでしょう。

そういうときに、電話がかかってきたり、宅配便が届いたりすることがあります。いまは宅配業者を装った犯人もいますし、電話でも個人情報を聞き出すことが目的のものもあったりするので、基本は両方とも出なくてよいでしょう。

すると、親御さんたちからは「じゃあ、息をひそめて静かにしていないといけないのですか？」と聞かれるのですが、静かにしていると空き巣に入られてしまうので、そうではなく、テレビを見ていようが、音楽を聴いていようが、子どもは普通に過ごしていればいいのです。

また、宅配業者に限らず、警察官を名乗ったり、地域ボランティアの腕章をつけたりして、子どもを騙そうとする犯罪者もいます。こうしたケースでも、犯罪者は場所を選んで子どもに声をかけてくるということを肝に銘じておくべきです。人ばかり見ていると騙されないでいることは困難ですが、景色を見れば騙されません。だから、景色を見て判断することが大切なのです。

キーワードは「主導権を握る」

そうは言っても日本は諸外国と比べると安全です。しかし、今後、犯罪傾向が進む可能性はあるでしょう。海外で起きている犯罪傾向を知れば、日本で将来的に起こる犯罪を事前に予測することはできそうです。

将来的な可能性として、アメリカ型の犯罪者が増加することは考えられます。まず、

第1章で述べたような快楽殺人が増えてくるということ。そしてもうひとつは、偽造IDを使う手口も今後、日本で増えてくると私は予想しています。

日本では、「知らない人にはついていかない」ということが強調されているので、逆にいったん知った人となると、100パーセント信じてしまう傾向があります。これに偽造IDを駆使されたら、簡単に騙されてしまいます。

また、IDだけでなく、宅配業者のユニフォームなど、信じ込ませるための偽装も巧妙になっていくでしょう。ただし、先ほども述べたように、巧妙になりすましている場合でも、犯罪機会論の知識で対処することができます。偽警官も、偽ボランティアも、いきなりやってくるわけではなく、場所を選んで声をかけてきます。危ない場所で声をかけられたら、警戒すればいいのです。

また、騙しの手口がより高度化していくことも考えられます。振り込め詐欺の場合、いまのところ、日本人は単純なストーリーでも振り込んでくれるので、手口が巧妙化されていませんが、対策が進んでいくと手口も巧妙になり、余計に対策が難しくなります。

コミュニケーション能力があれば、会話を重ねていくことで、会話の内容の不自然さに気づくことができ、危険を察知できるでしょう。警察が行う防犯教室では、すべて「NO」で返すように教えていますが、これを突き詰めていくと、家から一歩も出られないことにもなりかねません。話を聞いて、本当にわが子であったり、孫であったりした場合には、助けてあげればいいのです。大事なことは、正しい情報か、ウソの情報かを見分ける判断力を養うことです。

それには、コツがあります。キーワードは「自分が主導権を握る」ということです。もっとわかりやすい言葉で言えば、「自分の情報に基づく」「自分から提案する」「自分で調べる」ということです。

そのコツをつかんだうえで子どもに教えてほしいと思いますので、次のシミュレーションで「自分が主導権を握る」ということを理解して、対処できるようにしてください。

詐欺師の話術に騙されないためのシミュレーション

次のような電話がかかってきました。「NO」と言わずに、相手の話す情報が正しいかどうかを判断するにはどうすればいいでしょうか？

「オヤジ、オレだよ、オレ。オレ、今度、課長になるんだけどさ、いまから取引先に行って、契約を取り交わさなきゃならないんだ。先方と契約した代金を払って契約成立なんだけど、オレっておっちょこちょいだから、そのお金が入ったかばんを電車の網棚に乗っけて電車を降りちゃったんだよ。駅に電話して、お金はちゃんと終点にあったって確認したから、すぐに取り戻せるんだけど、いま、もう相手の会社の目の前まで来ちゃってて取りに行っている時間がないんだ。オレが先方と話している間に、部下に家まで取りに行かせるから、お金貸してくれないかな？　帰りに終点の駅まで行って、お金を取り戻して、夕方、家に持っていくからさ。ちょっとの間だから、お金貸してよ」

あなたならどう応えるでしょうか。

「部下に終点に取りに行かせたら？」というのはイマイチですね。「そんな時間はないんだよ」「もう部下は家に向かっているよ」などと切り返されてしまいます。

「じゃあ、私が持っていくよ」というのはいいアイデアです。本当の息子であれば、

「そう？　悪いな。いまどこそこにいるよ」と応じるはずです。

中国の有名な古典に「孫子《そんし》の兵法」があります。孫子は「兵とは詭道《きどう》なり」と言っています。つまり、「戦争とは騙し合いである」ということです。そして、「善く戦う者は、人を致して人に致されず（巧みに戦う者は、敵を思い通りに動かし、敵の思い通りに動かされない）」と教えています。つまり、最も重要なのは「主導権を握る」ことだと書いているのです。

騙そうと仕掛けてくる相手から主導権を取り戻すには、自分で調べるとか、自分から提案するということが大切です。先のケースにおいて「自分が持っていく」は、まさしく自分から提案するに該当します。「家まで取りに行く」という、相手にあった主導権を取り戻しているのです。

ほかには、「相手の会社はなんていう会社なんだ？」と聞いて、インターネットでそんな会社が実在するかどうか、そのオフィスはどこにあるのか調べてみるという手もあります。これは「自分で調べる」に該当します。

私なら、「部下に取りに来させるのはいいんだけど、家の前はちょっと人目もあるから。そうだな、駅前交番の前で落ち合おう。あそこだったら、現金を受け渡ししても危なくない。あそこに取りに来るように言ってよ」と言いますね。本当に自分の子どもだったら、交番の前であろうがどこであろうが、取りに来るはずです。

では、次のケースではあなたはどうしますか？

Eメールが来ました。

「あなたのクレジットカードの暗証番号が漏れています。すぐに暗証番号を変えてください。下記をクリックすると、私たちのクレジットカード会社の暗証番号変更のウェブサイトが開きますので、すぐに暗証番号変更の手続きをしてください」

そこでクリックしてしまうと偽サイトが開き、変更の手続きをすると元の暗証番号を読み取られてしまいます。

これを防ぐには、メールを一度閉じて、自分のクレジット会社のホームページをウェブで検索して見に行きます。もし本当であれば、そこのホームページに暗証番号漏えいのお詫びとか、何か情報が書かれているはずです。そういう情報が書かれていたら、早く変えたほうがいいでしょう。でも、何も書かれていなかったら、おかしいなと思うべきだし、不安ならその会社の電話番号を自分で調べて、電話で聞くことです。

また、ワン切り業者というのがいて、一度着信音を鳴らしただけで電話を切り、コールバックさせるやり方で個人情報を得るという手口を使ってきます。そういう場合は、着信に残った電話番号をウェブで検索してみることです。するとだいたい「この番号は詐欺です」という情報が流れています。おかしいなと思ったら、自分で調べてみることです。そうすれば、主導権を取り戻せます。

草食動物に防犯を学ぶ

犯罪機会論では、そもそも犯罪は場所を選んで行われるので、そうした場所には行かないようにしましょう、行かざるを得ない場合は複数で行くようにしましょう、というのが基本的な考え方です。

子どもは力ずくでは大人に勝てません。ですから、まずは、自分は弱いと子どもに自覚させることが大切です。

そのときには子どもに草食動物の話をしてあげてほしいと思います。肉食動物から見て弱い存在の草食動物は、それゆえにリスクマネジメントのスペシャリストだからです。

南アフリカのリスクマネジメントの専門家ガート・クレイワーゲンは、その著書『ジャングルのリスクマネジメント――アフリカの草原から学ぶ教訓』の中で、すべての草食動物のサバイバル術に共通する要素として「早期警戒」を挙げています。早期警戒することで近づいてくる肉食動物を早期発見でき、生き延びることになるからです。

草食動物たちは、早期警戒に適した特徴を備えています。たとえば、キリンやシマウマは顔の側面に目がついているので、広範囲を見渡すことができます。キリンが休息するときには、それぞれが異なる方向を見て群れで安全を確保しています。シマウマは地面の草を食べながらも何度も顔を上げて周囲をキョロキョロと見ています。彼らは景色を見ることで、警戒しているわけです。

草食動物は自分が弱いことを自覚しているので、警戒を怠りません。子どもにも自分は弱いと自覚させ、常に景色を見て警戒するように教えてあげてほしいと思います。

第４章

地域ぐるみの対策で子どもを守る

「地域安全マップ」で住民の意識を変える

前章では、犯罪機会論に基づいて、子どもの安全のために親は何ができるのか、何をしたらいいのかを具体的に述べてきました。それには、学校での防犯教育はもちろん、地域とのかかわりが必要不可欠なものでした。

子どもの安全は地域社会を抜きには語れません。子どもたちを取り巻く景色が安全なものになるか、危険なものになってしまうかは、地域住民の意識にかかっています。

本章では地域のコミュニティ力を上げることによって防犯機能を高め、子どもの安全、ひいては地域全体の安全を向上させる方策について考えていきたいと思います。

第3章で紹介した地域安全マップづくりは、子どもから高齢者まで誰もが楽しく防犯知識を得られ、防犯能力を高められる方法です。地域安全マップというぐらいですから、ぜひとも地域住民を巻き込んで町内活動の一環として行っていただきたいと思います。

ただし、地域安全マップをつくる際に間違ったつくり方をしてしまうと、効果がないばかりか、思わぬ弊害を生んでしまうこともあるので注意が必要です。

間違った地域マップには大きく分けて3つのパターンがあります。

①「不審者マップ」、②「犯罪発生マップ」、③「非科学的マップ」です。

①の「不審者マップ」とは、「サングラスをかけている人」や「大きめのマスクをつけた人」というように、外見だけで判断した「不審者」が目撃された場所を書き入れた地図のことです。

すでに述べたように、不審者は見ればわかると思われていますが、その判断は間違っていることがほとんどです。外見上で識別しようとすると、子どもにとって不審者は普通の大人にまで拡大していき、不審者と見られたくない大人は子どもを避けるようになってしまいます。「不審者マップ」は効果がないばかりか、副作用の大きい間違ったマップと言えます。

②の「犯罪発生マップ」は、過去に犯罪が発生した場所を書き入れた地図で、犯罪が起こった場所に注目している点から、犯罪機会論と似ているように思われがちですが、機能上はまったくの別物です。犯罪発生マップは、二次元の広域地図をもとに「鳥の目」で見た環境を示すものです。一方、地域安全マップは、実際に人が歩いた視点から、三次元の景色をもとにした、いわば「虫の目」で見た環境を示すものです。

犯罪発生マップは、警察などの行政機関が地理情報システム（GIS）と組み合わせて、警察力の適正配分などを検討するときの資料としては効果を発揮します。しかし、一般の人がこうしたマップを見ても、どのように行動パターンに反映させればいいかわかりません。

それに、犯罪発生マップは過去に発生した犯罪を示したもので、これから起こる未来の犯罪を予測するものではありません。地域安全マップは「入りやすい」「見えにくい」というキーワードをもとに、自分の目で見て危険か安全かを判断する力を養い、「どこで起きるか」という未来を予測するための手段であることを重視するものなのです。

③については、「犯罪に注意」とか「ここはこわい場所」という具合に、単に印象だけでまとめた防犯マップを指します。犯罪が起きる場所を予想するためには、その根拠となる基準が必要です。しかし、こうした印象だけでまとめたマップでは根拠があやふやなために、マップを見た人が「気づき」を得られにくくなります。結局、個人的な主観を押しつけることになってしまい、見た人も自己流で判断するしかなくなってしまいます。

地域安全マップは地図を残すことが目的ではなく、地図の作成過程での学びが防犯知識を増やし、景色解読力を向上させるものであるという基本に常に立ち返ってほしいと思います。

「ランダム・パトロール」ではなく、「ホットスポット・パトロール」を

犯罪機会論を教育に応用したのが地域安全マップであるなら、地域活動に応用したのが「ホットスポット・パトロール」です。

これまで住民パトロールと言えば、「ランダム・パトロール」が主流でした。ランダム・パトロールとはルートを固定せず、毎回ランダムにルートを設定してパトロールを行う方法です。日本でこの手法に根強い信仰があるのは、1996（平成8）年に警視庁が空き巣犯35人に行ったインタビュー結果が理由のひとつだと考えられています。捕まった空き巣犯が、かつて犯行を諦めたことがある際の理由のトップは、「近所の人に声をかけられたり、ジロジロ見られたりしたこと」だったといいます。

この調査結果を知ったマスコミが「犯行前に住民に顔を見られたと思ったら、犯罪者

はしばらくその近辺に近づかないのが普通だ」などと伝えたため、こうした見方が広まっていきました。そのため、パトロールによって下見をしている空き巣犯と遭遇すれば、犯行は防げるはずだという考え方になりました。

ところが、空き巣犯の中には次のように考える者もいます。新聞報道によると、約300件もの空き巣を繰り返したある空き巣犯は、インターホンを鳴らし、留守を確認して犯行に及んでいたのですが、「もし家人がいても、手帳をめくりながら『この辺りに誰々さんの家はありますか』と尋ねると疑われなかった」と供述しているのです。

また、高級住宅街で約200件の空き巣を繰り返していた別の空き巣犯も、「怪しまれないようブランド品の帽子をかぶって散歩を装いながら、インターホンで家人の不在を確かめるなどして侵入先を物色していた」といいます。

こうした供述から、犯罪者は顔を見られたくらいでは犯行を諦めないのではないかという仮説が成り立ちます。というのも、侵入先を物色している段階ではまだ罪を犯しておらず、捕まる危険性がないからです。いざ侵入しようとするときには絶対に目撃されない、そういう家を選ぼうと考えているのです。だから犯罪者はランダム・パトロールを恐れないのです。

これに替わって登場したのが、「人」ではなく、犯罪機会論に基づいて「場所」に注目したホットスポット・パトロールです。ホットスポットとは、地域安全マップで作成した危険な場所のことです。または、警察が作成した「犯罪発生マップ」でもホットスポットの位置がどこなのかわかります。

犯罪者は空き巣であろうと、性犯罪であろうと、場所を選んで犯行に及ぶことがわかっていますから、過去に起きた犯罪場所や未来に起こると予想される危険な場所を重点的にパトロールすることで、犯罪を未然に防ぐことができます。

犯罪者は犯行現場を下見して、「ここでなら見つからずに成功できそうだ」という場所を定めています。そうした場所をまるで犯罪を予知しているかのようにパトロールされたら、リスクを負うことを嫌う犯罪者はここでの犯行を諦めるはずです。

アメリカではいまやホットスポット・パトロールが主流となっていますから、日本でも必ず効果を発揮するに違いありません。

「他人の子も見守る」当事者意識が自分の子を守る

子どもを守るには地域のコミュニティ力、つまり、犯罪者の侵入を許さない「縄張り意識」と、地域に主体的にかかわる「当事者意識」の高まりが不可欠です。そうして、自分の子どもに限らず、地域全体で大人が子どもを守っていくという意識を共有することが大事なのですが、大人の側からすれば、他人の子どもに声をかけるのに勇気がいる時代になってしまったことも事実です。安易に子どもに声をかけると、すぐに不審者と見なされ「声かけ事案」にカウントされてしまいます。「声かけ事案」とは、文字通り子どもに声をかけた案件のことで、警察は通報を受けてこの数を把握しています。

警察では、実際の事件を検証して、犯罪に発展する場合には「こういう声のかけ方をしている」というのを分析しています。これを「前兆行為」と呼んでいます。ただし、子どもにはそうした区別はできないので、声かけ事案の数字は、前兆行為と未遂、さらには単に道を聞いてきた場合のすべてを十把《じっぱ》一絡《ひとから》げにしたものとして出てきます。

前兆行為のすべてが犯罪につながるわけではありませんが、警察としてはそれもすべて把握していこうというスタンスをとっています。そのため純粋に道を聞いただけの場合も、声かけ事案の数字に含まれてしまうのです。

声かけが犯罪の予兆であるとして、奈良県では2004(平成16)年の小1女子児童殺害事件のあと、「声かけ禁止条例」というものをつくりました。声をかけただけで逮捕されたり、罰金を科せられる可能性が生まれたのです。これによって、大人は他人の子どもが危ない目に遭う可能性に気づいても声をかけることができなくなりました。これが健全な社会でないことは言うまでもないでしょう。

いまの子どもは「知らない人とは話してはいけない」と周囲の大人から強く言われているので、こちらが何かしてあげても、「ありがとう」も言わなければ、返事もしないという子が多いのです。

私はこんな経験があります。あるとき新幹線に乗っていると、駅で小学校低学年の女の子が乗ってきて私の隣に座りました。ホームにはその子の祖母らしき人が見送りに来ているようでした。降りる駅で親が迎えに来るのでしょう。その女の子がジュースか何かを飲もうとトレーを引き出そうとして、うまくいかない様子であることに気づきました。

「困ったなあ、〝こうやってやるんだよ〟と言ったら怪しまれるしなあ……」と迷いましたが、やはり教えてあげることにしました。女の子はびっくりしてしまって、お礼も何も言わず、フリーズしてしまいました。おそらく、親や祖父母から「知らない人から声をかけられても話しちゃダメよ」と言われているのでしょう。これは大人の側に責任があります。大多数の普通の大人は、他人の子どもの扱いに困っていることを保護者には気づいてもらいたいと思います。

子どもが道で困っていたら、大人として助けてあげたいものです。そのとき、最もいい方法は、「どうしたの？」と声をかけてあげることです。「ああしろ、こうしろ」と言うのは子どもが警戒しますし、周りの人から見ても奇異に映りますが、「どうしたの？」という問いかけは、相手に主導権を与えている言い方ですから非常に低姿勢です。こう問われると子どもは何か返事をする必要がありますから、そこから会話を始めることができます。

本来は道で出会ったら子どもとも普通に挨拶をするのが望ましいのですが、いまの時代はそれも地域によります。コミュニティがしっかりしていて、住民同士がよく挨拶をする地域であれば子どもに挨拶をしても自然なのですが、都市型の親密でない地域で子どもに挨拶をすると、不審者扱いされる可能性があります。

そういう地域の場合は、笑顔の挨拶でいいのではないでしょうか。そして、子どもに何か困った状況が見えたときには、「どうしたの？」と声をかけてあげればいいと思います。

「不審者扱いされないように」ということをあまり意識しすぎてしまうと、不自然な態度になってしまい、逆に子どもは警戒心を抱いてしまいますから、自然に振る舞うことが大切です。

子どもが安全な街は大人も安全

子どもが安全な街は、自分の家も街全体も安全になります。逆に、子どもとは関係がないように見えるかもしれませんが、地域の安全に役に立つような行為をすると、子どももも安全になります。

その意味でも、保護者は子どもの安全のために地域を巻き込むべきなのですが、意外に親自身が地域の活動に無関心であることが多いようです。地域活動に従事している高齢者には子ども好きな人が多いのに、そうしたボランティアの人たちを単に暇な人たちと見ている親もいて、親とボランティアが対立している地域も多いようです。

地域安全マップはそれを解消するひとつの手立てでもあります。学校でマップづくりをして「ママ、ここら辺はけっこう危ない場所があるんだよ」と子どもに言われると、親も「あ、そうか、それでボランティアの人が見守ってくれているんだ」ということに気づきます。そういうことがわかってはじめて理解し合える土壌ができます。そうでないと、お互いの活動に理解が及びません。親世代と高齢者世代をつなぐという意味でも地域安全マップは非常に効果があるのです。

いまの若い親世代は近所づきあいを嫌う人が多いようです。独身のころには近所づきあいをしなくても、子どもができると地域の人間関係が大事だと気づくことは多いのですが、それでもずっと気づけない人も大勢います。しかし、何か起こってからその重要性に気づいても遅いということは強く言っておきたいと思います。

とくに共働きの家庭はコミュニティ力の高い地域のほうが安心なはずですから、地域のリタイアした高齢者に活躍していただくのがうまいやり方です。登下校の時間帯に通学路に立ってもらうとか、子どもたちと挨拶してもらうだけでもいいでしょう。そうすることで、高齢者は高齢者で役立ち感を得ることができますし、姿の見えない日があれば、どうしたんだろうねとみんなが心配するので孤立も防げます。

子どもも高齢者と話すことでコミュニケーション能力が高まります。高齢者はみな経験豊富ですから、非常に頼りになる存在であることは間違いありません。

花を植えれば防犯になる？

地域の人ができることは、ほかにどんなことがあるでしょうか。考えていけば無数にあると思います。市民によるホットスポット・パトロール以外にも、住民自ら草抜きや清掃をして街をきれいにしておくことは、犯罪者に犯行を思いとどまらせる効果があります。管理が行き届いている街は、常に住民の監視の目が光っていることを感じさせ、犯罪のしにくい雰囲気をつくりだします。逆に、ゴミが散乱していたり、落書きが放置されていたりする地域では、犯罪を誘発してしまいます（この「割れ窓理論」については、第5章で詳しく述べます）。

また、花壇に花を植えるのも防犯につながることが知られています。犯罪者は花が嫌いなようなのです。花が目に入ることで、何か心理的なブレーキがかかるのかもしれません。第2章で述べた「犯罪抑止の3要素」で言えば、花壇を整備することで、そこに住む地域住民の当事者意識が高いことを犯罪者に連想させる効果があるのだと思われます。

こうした現象を利用して、街中に絵を描くことで防犯に役立てている地域があります。たとえば、チリのバルパライソという街がそうです。バルパライソは急坂の多い街で、傾斜に家を建てるために盛り土をしている個所が多くあります。その盛り土をした壁にチリの画家たちが芸術的な絵を描いているのです。それ以外の場所にはたくさんの落書きがあるのですが、なぜか芸術家が描いた絵にだけは落書きがされていません。落書き犯も、さすがに芸術家の描いたところには気がひけるのでしょう。

トンネルなど落書きされそうな場所にあらかじめ絵を描いておくのは、防犯にとても役立ちます。ただし、描かれる絵によって落書きをなくせるかどうかが決まります。

チリ・バルパライソの街並み。壁に描かれた絵画が街の防犯に役立っている

２００６（平成18）年に神奈川県川崎市で起こった女性刺殺事件は、トンネル内が犯行現場となりました。事件後、トンネルの壁が落書きだらけだったため、一度、落書きを消したうえで中学生に絵を描かせました。ところが、その壁にまた落書きをされてしまったのです。

なぜバルパライソの芸術家が描いた絵には落書きされないのに、このトンネルの壁には落書きをされてしまったのでしょうか。バルパライソの絵は抽象画なので、一見すると落書きのようにも見えます。しかし、川崎のトンネルの絵は白い空と青い海を描いたものでした。一面が同じ色ならその上に落書きをすると、はっきりそれとわかります。

　落書き犯は、自己顕示のために落書きをします。自分の絵を見てもらいたいのです。はじめから落書きのような絵が描かれていたら、自分の絵を認識してもらえません。だからバルパライソの絵には落書きされないのです。トンネルの壁に絵を描かせるなら、幼稚園児ぐらいの子に書かせたほうがいいのです。すると、落書きのように見えるため、落書き犯が描きにくくなるわけです。

　また、地域としては、街灯や防犯カメラの設置を行政に依頼することもできます。ただし、街灯は設置しても意味がある場合とない場合があることは第1章で述べた通りです。

　防犯カメラも設置場所を正しく選ばなければ意味がありません。犯罪機会論を考慮しないと、まったく効果のない場所にカメラを設置されてしまいます。ほとんどの自治体では、カメラの設置を防犯設備会社や警備会社に丸投げしています。そうした会社に犯罪機会論の専門家がいればいいのですが、そうでないと、いちばん工事しやすいところにつけてしまいます。それでは抑止力になりません。抑止力を発揮させるためには、犯罪の機会を最も減らせる場所や方角を選び出すことが必要なのです。

イギリスでは各警察署に犯罪機会論のスペシャリストがいて、その人がカメラの取りつけ位置を指導するので無駄がありません。日本はそうした人材を養成していませんので、防犯カメラが機能せず、実際には「防犯」ではなく、「捜査」カメラになっているのが現状です。

日本でも、しっかり考えている地方自治体はあります。神奈川県の海老名《えびな》市からは、学校の通学路や公園にカメラを設置したいのでアドバイスしてほしいと依頼されたことがありました。海老名市は、ある市議会議員が犯罪機会論を勉強していたようです。その議員が市長に私を推薦し、ちゃんと考えてカメラをつけるように訴えたようです。実際に現場に行き、犯罪機会論の視点から、最適な設置場所と角度を助言しました。こうしたことは、ほかの地方自治体でもできるはずです。議員としても、そうした要望を市民から上げてほしいと思っているはずですから、提案してみるのがいいと思います。

事件が起きても、その後の対策としてとりあえずカメラをつけるだけで終わってしまっているところはたくさんあります。これでは行政のパフォーマンスにすぎません。

日本でも税金がどのように使われ、犯罪予防にどのように役立っているかを住民がしっかり監視することが必要です。

人工的な街は犯罪に弱い

防犯に強い街づくりを考えるうえで、人工的な街は犯罪に弱いという側面があることを知っておいてほしいと思います。人工的な街とは、新たに造成されて、外から同じ時期に入居する家庭が多い地域を言います。多くは「〇〇ニュータウン」と名前がつくような地域です。

こうした街では、小学校入学前の子どもがいるなど、似たような年代の家族が一斉に入居します。年齢層がみな似通っていますから、行動パターンもみんな似ていきます。するとある時間帯は人通りが多いけれども、ある時間帯はぱったり人が通らなくなってしまうということが起こります。

これが自然発生的な街であればいろいろな世代が住んでいるので、共働きの家庭が家を空けているときには、高齢者が外を散歩していたり、窓から外を見ていたりします。

高齢者が家で休んでいるときには、共働きの人が帰ってくるということになります。

また、大学生が住んでいれば夜に出歩いている人もちらほらいるので、バランスよく人の目がある状態を保てます。同じ世代が一斉に入居するような人工的な街は、高齢化したときのコミュニティ論から問題が語られやすいのですが、防犯の面でも注意が必要なのです。

いまは、何回かに分けて段階的に入居させるような大型造成地もあるようです。「自然なコミュニティ」をつくりだす工夫ではありますが、さらに一歩進めて、地域安全マップづくりなどで住民を結びつけ、いち早く「自然なコミュニティ」を形成することが望まれます。

人工的な街では、駅前に商店街があるだけという地域が多いのですが、住宅街に少しでも商店があると、防犯上、大きな違いが出ます。住宅の中にポツン、ポツンと商店があって、昼間にそうした店舗が開いていれば、近所の目が増えますから犯罪者は嫌がります。地域密着の理髪店や駄菓子屋などが点在しているような自然発生的な街は、そうした観点からも犯罪に強いと言えるのです。

海外ではコンパクトシティという視点で街を再検討、再構築しているところもあります。この概念はやはり防犯の理念とも一致します。コンパクトシティとは、限られた範囲の地域に学校があり、病院があり、役所があり、スーパーマーケットがあり、レジャー施設がある街です。徒歩圏内に生活に必要なすべての店舗・施設が揃っている街を言います。歩いている人が必然的に多くなりますから、人の目も増えていきます。すると、犯罪者にとっては犯罪のしにくい街になるのです。

ところが、いまはそうではなく、郊外に大きなモール型のショッピングセンターができ、そこへみんなが車で行って帰ってきます。効率的ではあるのですが、地域を歩いている人が少なくなり、近所の目が減るために犯罪には弱くなります。

年をとると車の運転がしにくくなることから、欧米では、歩いて買い物に行けるコンパクトシティが志向されています。言い換えれば、近代アメリカ型の街から、中世ヨーロッパ型の街が目指されているのです。

日本でもコンパクトシティを掲げている自治体がありますが、それは生活者視点ではなく、経済の目線でつくられている場合が多いようです。重要なのは、駅前の「再開発」ではなく、コミュニティの「再生」なのです。

コミュニティがしっかりしている街は防犯にも強いと言えますから、これから住宅を購入しようとする人は、そうした面も考慮して場所を選ぶのがよいと思います。

今後、人口減少が進むと、地域のコミュニティの維持が難しくなっていきます。すると、街の管理も難しくなり、犯罪に弱い街になってしまいます。東京でさえ長期的には人口が減少するのが明らかですから、地域をどうやって維持していくかは緊急の課題です。そのためにもコンパクトシティはひとつのヒントになるでしょう。

これから増える空き家には注意

空き家は防犯の面でもこれから憂慮すべき問題です。

２０１４（平成26）年に兵庫県神戸市で小学1年生の女子児童がバラバラにされて雑木林に遺棄された事件がありましたが、事件が起こったのは空き家の多い地域でした。阪神淡路大震災のあとに住民の移動があって、空き家が増えていたのです。

空き家は死角になりますから、犯罪のリスクが増大します。それを防ぐためにも地域のコミュニティで空き家問題に関与していくことが必要です。

こうした空き家については、誰が所有者であるかを確認したうえで、行政が改善を求め、それでも改善されない場合には代執行して家屋を解体したり、その土地を再利用できるようにしていくべきですが、そのための法制度は、まだ整備の途上にあります。

ですから現状では、「あそこの空き家が防犯上、危険だ」と地域の人が行政に訴えても、行政自身が有効な対抗手段を持っていないことが多いのです。しかし、空き家はずっとその地域に存在しますから、いろいろな犯罪の温床になってしまいます。

アメリカでは犯罪機会論が日本よりもずっと浸透していますから、危険な場所に対する感度が高く、空き家を放置しているような所有者、管理者には厳しい処置がなされます。場合によっては、行政によって売却するなどの強制執行が行われます。このように、関係する第三者を説得したり、強制的に従わせたりする治安活動は「対第三者警察活動」と呼ばれています。

現段階で保護者ができることは、「空き家は入りやすくて見えにくい場所だから、気をつけようね、近寄らないようにしようね」と子どもに伝えることです。

裁判制度を通して社会を変える

アメリカでは、管理されていない建物で犯罪が起こった場合、犯罪者はもちろん糾弾されますが、それ以外に建物の管理者も厳しく管理責任を問われることになります。被害者から訴えられ、場合によっては多額の賠償金を支払わなければなりません。「犯罪者に罪を犯す機会を与えた管理者が悪い」という考えなのです。

イギリスでも、たとえばどこかの公園で犯罪が起きたというとき、被害者はその公園の管理責任者である自治体を訴えます。そのとき、その公園の設計のための会議の議事録などが開示されます。その議事録で犯罪について議論されていないことがわかったときには、損害賠償金が何億円も発生します。防犯面を考慮しなかった過失が認定されるからです。イギリスでは、地方自治体は施設を設置するときだけでなく、あらゆる施策を講じるときに必ず防犯面を考慮しなければなりません。

日本では、犯罪機会論を知っている裁判官は少数なので、加害者のみに責任があるとして、それ以上の検討をしないのが普通です。

私は、こうした現状を少しでも変えるには、被害者が場所の管理者を裁判に訴えて世論を形成するしかないと思っています。そうしない限り、裁判所はいつまでたっても「場所」の過失を認めないでしょう。

前出の大阪の小学校で起きた無差別児童殺傷事件では、裁判にはならなかったものの、文部科学省が非を認めて被害者遺族らに総額4億円の損害賠償金を支給しています。学校の管理が杜撰《ずさん》であったために、犯罪機会を生んでいたことを認めたのです。

こうした前例があるので、今後、被害者が事件現場の管理責任者を訴えた場合、犯罪機会論を知っている裁判官であれば過失を認定する可能性も出てきます。認定されれば被害者に多額の賠償金を支払うことになりますから、その判決を見たあらゆる施設の管理責任者は防犯を考慮するようになり、犯罪機会論があまねく社会に浸透していくことになるはずです。

欧米、とくにアメリカをめぐっては訴訟社会であることが悪いように受け取られる風潮がありますが、判例をつくることが社会を変えていく起爆剤になることもあって、裁判に訴えている面もあるのです。使い方によっては裁判制度を通して、社会を変えていくこともできるのです。

規制緩和ではなく強化を

日本では管理責任者の過失責任が問われることがほとんどないので、たとえば公園ひとつつくるにも防犯については慎重さを欠いているようです。

やる気になれば日本でも欧米のようなことはできるはずです。以前、国土交通省の担当者に「なぜ日本では欧米のような公園ができないのか、何か規制があってできないのか」と尋ねたことがありましたが、返ってきた答えは「そういう規制はまったくないので、つくることはできる。設計者にそういう発想がないからつくっていない。それだけのことです」ということでした。

犯罪機会論的には規制緩和でなく、規制強化をするべきです。日本では犯罪対策の規制強化となると、犯罪原因論で考えるので「ドラッグを持っていてはいけない」「ナイフを持っていてはいけない」などとすべて人に関心が行ってしまいます。少年犯罪についても、少年法の適用年齢を引き下げるとか厳罰化するとか、必ず犯罪原因論に偏ってしまいます。それだけではなく、人を刺し殺せない包丁（イギリスで販売中）や飲酒運転できない自動車（アメリカで導入中）など、デザインによって機会を摘み取ることを考え、そうした規制を加えることが必要です。

日本でこうした考えを浸透させていくのは並大抵のことではありません。政治家の中にも勉強している人はいるのですが、圧倒的に数は少ないのが現状です。何かやらないとまずいので、とりあえず防犯カメラをつけて終わってしまう防犯対策がほとんどです。本当に子どもを守る気があるのか疑問です。

海外では、犯罪が多いためにそうした概念が浸透したということを考えれば、日本は幸いなことに、そうではなかったために犯罪機会論の概念の浸透が遅れたということになりますが、そうした幸せな状況が今後も続く保証はありません。日本社会が欧米化していくとすれば、やはり犯罪対策も欧米の犯罪機会論から学ぶべきではないでしょうか。

交通安全にも景色解読力が大切

景色解読力は交通安全や防災にも寄与します。そのことについて少し話をしておきましょう。

まず交通安全です。ガードレールがあるほうが、車と人が接触する可能性もなく、連れ去られるリスクも減ることはすでに述べました。

私が最近強く思っているのは、日本にも住宅街の道路にはハンプを設置してほしいということです。ハンプとは、道路上に設けた出っ張り、コブのことを言います。ハンプがこれだけ少ないのは先進国でも日本だけです。

ハンプがあると車はジャンプしてしまいますから、スピードを出すことができません。住宅街では歩いている人が多くいるわけですから、そういう人を守るために道路自体をスピードが出ない構造にしておくわけです。

ハンプはオランダ発祥のもので、現地では「ボンエルフ」と言い、「生活の庭」という意味があります。つまり、生活道路は庭感覚で管理しなければならないという発想に基づいています。

このハンプは犯罪予防にも効果を発揮します。なぜかと言えば、犯罪者が住宅街に入って、ひったくり、空き巣、誘拐をして車で逃げるとき、生活道路にハンプがあると減速しなければならず、目撃されるリスクが高まるため、犯罪者の心理としては壁になるからです。つまり、「入りにくい場所」というわけです。

オランダなど犯罪機会論の先進国では、幹線道路から生活道路に入るところには、必ずと言っていいほどハンプが設置されています。日本では子どもの登下校の列に車が突っ込むということがよくあります。時間帯で区切って、登下校の時間には車が通れないようにしていてもそれが守られないのは、その道路が渋滞の抜け道になっていて早く目的地に行けるからです。そこにハンプをつくっておけば、スピードを出すことができませんから、早く通り抜けることができなくなり、やがて車はあまり通らなくなっていくでしょう。

なぜこうした考え方が普及しないのでしょうか。ひとつには、ハンプをつくろうとしても、地域から「車がジャンプして危ないじゃないか」というクレームが来るのを管理責任者が恐れているからでしょう。確かに、定着するにはそれなりの時間が必要ですが、粘り強く啓蒙活動を続け、理解を広めていくことが重要なのです。

日本では、事故を起こすのはドライバーのパーソナリティに問題があると考えられがちです。しかし、普段あまりスピードを出さないドライバーでも、たまたま急いでいたりすると思わずスピードが出てしまうことがあります。そうした状況や、ドライバーの

オランダの住宅地に設置されたハンプ。幹線道路から生活道路へ入るところに出っ張りがあり、車がスピードを出せない構造になっている

パーソナリティに左右されるのではなく、そもそも道路をスピードが出せない構造にしておくことで、いつでも車は低速で走行するようになるのです。

自分の住んでいる地域で、子どもの登下校の道や、よく通る生活道路なのに車のスピードが気になる場所があったら、ハンプをつくるように責任者にかけあってみるのがよいでしょう。県道なら県に、市道なら市に意見陳述してください。コブをつくるだけですから、それほどのお金はかかりません。すでにつけている地域もありますから、実現は可能なはずです。

最初は慣れないかもしれませんが、それ

が当たり前になれば、なんの不自由も感じないでしょう。ハンプがあっても道路の両端だけ平らにしておけば車いすの人もなんなく通行できます。世界中で昔から行われていて、どこもやめていないのですから、ハンプは確かな効果があると認められているのです。

「景色を見て危険を避ける」判断力をつけよう

次に防災教育です。ここでも「景色を見る」ことが大事です。

2011（平成23）年の東日本大震災のときには、学校にいた子どもたちが津波に流されて、残念ながらたくさんの命が失われました。その中で岩手県の釜石だけは、学校にいた子どもたちがほとんど助かりました。釜石の小中学校の児童・生徒約3000人の生存率は99・8％です。これは長年行ってきた釜石の防災教育の賜物でした。

地震のあったあの日、児童・生徒たちは防災マップ上の安全な場所に避難しました。通常ならそこで避難は完了です。しかし、中学生の何人かが、裏手の崖が崩れそうになっていたのを見て「ここも危ない」と言い出し、さらに高台の場所に避難することになりました。避難直後に、もといた避難場所は津波に飲み込まれてしまいました。マップを信じて漫然とその場に居続けていたら、児童・生徒はみな津波にさらわれていました。しかし、景色を見て「ここも危ない」と判断できたから命が助かったのです。これは日ごろから景色解読力を上げる訓練がなされているからこそできた判断でした。

自治体が作成した防災マップについても、「ハザードマップを信じるな」と教えていたそうです。大事なのは、マップを暗記することではなく、景色を解読することなのです。

地震の2年後に、釜石から地域安全マップ指導の依頼がありました。私は釜石の防災教育のことを知っていましたので、「私は防犯の専門家で、防災じゃないですよ」と言ったのですが、「いや、そうじゃないんです」という答えが返ってきました。

釜石はまたいつ津波が来るかわからないから、防災教育は続けていきたい。でも子どもたちの記憶がまだ新しく、心の傷は癒えていない。親が亡くなった子、家が流された子もたくさんいるので、このタイミングで防災や津波を強調できないというのです。

「でも、景色を見て判断することが大事だということはずっと言い続けたい。だから今回は防犯という視点でやりたいのです」

その話を聞いて、「そういうことなら」と、子どもたちと一緒にフィールドワークをして、景色を見せ、マップづくりをしました。防災教育と防犯教育は、出口は違っても入口は同じだということに改めて気づかされました。

交通安全も防災も、防犯と同じで景色解読力が重要だということです。文科省は「危険予測能力」と言っています。確かにその通りなのですが、肝心の教える現場の先生たちに、どうすれば危険を予測できるかというノウハウが伝わっていません。

危険予測能力の中身は、景色解読力だとはっきり教えることが大切です。それは交通安全も、防災も、防犯もみな同じなのだということを徹底して教えていけば、子ども自身の、危険を予測し、回避する能力が格段に上がっていくはずです。

第5章

進化する防犯理論〜海外と日本の防犯事情〜

「水と安全はタダ」か？

この20年、日本人の防犯意識、防犯知識は向上してきたかと言うと、全体的にはほとんど変わっていないというのが私の実感です。私の犯罪機会論の講演や、地域安全マップづくりの指導を受けに訪れてくださる人には、「目からウロコが落ちました」と言ってくれる人もいれば、「もっとたくさんの人がこの考え方を学ぶべきだ」と賛同してくださる方も大勢いらっしゃいます。

しかし、「こんなおいしい料理があります。海外でも非常に人気です」といくら言っても、実際に食べてもらわないとそのおいしさが伝わらないのと同じで、犯罪機会論について学んでもらう場があまりに少ないので、その実効性はなかなか浸透していません。食わず嫌いの人も多いですから、国の指導者層がリーダーシップをとって普及させようと思わなければなかなか広がっていきません。残念ながら、犯罪機会論はまだそのレベルにとどまっています。

というのも、日本ではまだ「水と安全はタダ」であるという意識が強いのです。マスコミがいくら事件を報道しても騒ぎすぎだという人もいるくらいで、まだまだ危機感は薄いと言っていいでしょう。治安が悪化しているとは思っていても、本当に怖い思いをしたことがない人が多いので、「自分だけは犯罪に遭わないはずだ」と思っているのです。たまに凄惨な事件が起こっても、被害者はたまたま運が悪かったのだという認識で済ませてしまっています。だから、喉元過ぎれば熱さを忘れるように、すぐにその危機感も薄れてしまうのです。

親の多くはうちの子に限ってそんな目に遭うはずがないと思っていますし、子どもは子どもで、自分が犯罪に巻き込まれるなどとは考えてもいません。しかし、そうした認識に何の根拠もないことは明らかで、犯罪に遭ってから気づいても遅いのです。

本当に殺人は減っているか?

とはいえ、一般市民は日本の治安は悪化していると考えているようです。内閣府の『治安に関する世論調査』(2012年)では、「(治安が)悪くなったと思う」とする人の割合は実に81%にのぼります。

一方で犯罪学者の多くは、「統計では殺人の数は減っている。マスコミが過剰に報道するので、事件が増えたような印象を与えているにすぎない」と考えているようです。どちらが正しいのか、その質問には、私はいつも「本当のところはよくわかりません」と答えるようにしています。算出不備のある統計が多いからです。

日本の犯罪の現状を知る資料として、警察庁の『警察白書』や法務省の『犯罪白書』があります。これらの白書で公表されている犯罪統計は、刑法犯の認知件数によるものです。認知件数というのは、被害届の数とほぼイコールです。警察が犯罪を見つけられなかったり、被害届が出なかったりすれば、犯罪が起きていたとしても認知できていないことになりますから、認知件数にはカウントされません。

被害届を出さない例はたくさんあります。たとえば、被害者がいない犯罪です。贈収賄や売買春、ギャンブルや麻薬売買など。これらは被害届が出ないことがほとんどなので、どれくらいの数の事件が起きているかわかりません。

子どもの性被害も、年少の子どもの場合は、自身が被害にあったことを意識できないので被害届が出ません。子どもが小学校高学年になって、私は触られた、痴漢されたと親に言ったとしても、親が通報するかどうかはまた別の話です。そのとき、子どもに忘れさせようとして揉み消してしまう親もいることでしょう。

認知件数に基づいて犯罪の増減を議論することは、防犯対策をミスリードすることにもなりかねませんので、別の手段も講じられています。無作為に選んだ一般の人を対象に聞き取り調査を行い、国民全体の被害率を推定しようというものです。

欧米では毎年、何十万人規模で無作為抽出のアンケートなどを行い、どのくらいの比率の人が被害に遭っているかを調べています。アメリカでは毎年約14万人を対象に調査を行い、イギリスでも毎年約５万人に調査をしています。

こうした調査の結果から、海外では子どもの性被害は、少なく見積もっても認知件数の10倍は発生していると考えられています。

日本でも法務省が国際比較のために数千人レベルで調査をしています。その結果から導き出される犯罪件数は、認知件数の５倍はあるだろうと推測できます。

事件の９割は未解決

こうした話をすると犯罪学者は、「少なくとも殺人事件は確実に認知されるから、バロメーターになる」と言います。ところが、実際には殺人事件であっても、それと認知されないケースが考えられます。

2006（平成18）年に秋田県藤里町で1か月あまりの間に2人の小学生が殺害された事件は、当初、事故死として処理されていました。2011（平成23）年に兵庫県尼崎市でコンクリート詰めの遺体が見つかった事件では、これをきっかけに5人の行方不明者が遺体となって見つかっています。このようなケースを考えると、事故死、病死、自殺、行方不明として処理された遺体の中に、実際は殺人によるものが含まれている可能性があります。

自宅や病院以外で亡くなり、死因がはっきりしない死体（異状死体）を警察は1年間に15万体も扱っています。この異状死体15万体のうち、解剖に回されるのはわずか1割にすぎません。アメリカやイギリスは5割、スウェーデンにいたっては9割が解剖されています。日本の解剖率は世界最低水準です。

筑波メディカルセンター病院の塩谷清司医師によると、異状死体のすべてを解剖するオーストリアのウィーンでは、犯罪とは無関係であるとして運ばれてきた遺体の1・

3%が犯罪と関係があったそうです。塩谷医師はこの結果から、日本でも年間で1700人ほどの犯罪死が見逃されていると試算しています。

捜索願が出されている家出人（いわゆる行方不明者）は、年間8万人もいます。居場所がわからなくなっている小中学生は約1000人（文部科学省）もいます。殺人事件がそれとは認知されず、闇に葬られている可能性を指摘しないわけにはいきません。

加えて、犯罪検挙率はここのところずっと減少傾向で、この数年は3割にとどまっています。前述したように、実際の犯罪数が認知件数の5倍起こっているとすると、実際の検挙率は1割にも満たないことになります。犯罪の9割は未解決ということです。

昭和の時代まではもっと検挙率は高かったので治安は維持されていたと言えますが、いまはそうとは言えません。犯罪者が捕まらずにそのまま生活している率が高くなっているのが、いまの世の中だと言えます。

アメリカもイギリスもかつては犯罪原因論だった

なぜ9割もの犯罪が解決されないのかと言うと、犯罪者が場所を選んでいるからです。

ほとんどの犯罪者は犯罪が成功しそうな場所でしか犯行に及ばず、犯行場所を選ばなかった、もしくは選択を間違えた一部の犯罪者が捕まっているにすぎません。

犯罪機会論が発達したのは、「犯罪が行われる場所には共通点がある」ということに気づいた人たちがいたからです。

もともと犯罪機会論は、ほぼ同時期にアメリカとイギリスで生まれた考え方です。それから少ししてオランダとカナダでも提唱されるようになりました。以後、これらの四大先進国で研究が進められてその思想が世界に広がっていき、いまではどの先進国でも取り入れているほどの理論になりました。アジアでは韓国が、南米ではチリが進んでいる国です。ヨーロッパではドイツや北欧も進んでいます。

アメリカで犯罪機会論が興ったのは、１９６０年代のことでした。アメリカでは当時、ル・コルビュジエというフランスの有名な建築家の思想に基づいて、どんどん高層ビルが建設されていました。

それまでのアメリカはスラム街があり、いまでもインドや、南米でも国によっては存在するように、粗末な建物に多くの人が密集して住んでいました。スラム街は、太陽の光が入らず、ジメジメとして衛生状態の悪い生活環境になってしまっていました。そこに高層ビルを建ててその中に人々が住むようになれば、空いたスペースに太陽の光が入り、衛生環境が改善されて人々は健康になるだろうと考えられました。それでアメリカでは高層ビルが林立する時代が訪れたのです。

ところが、それに対して異議を唱えた人がいました。それはアメリカの著述家・運動家のジェイン・ジェイコブズという人で、彼女はそうした人工的なビルでできた街は犯罪を誘発すると指摘しました。

ジェイコブズは、ニューヨークが舞台の映画『ウエスト・サイド物語』に出てくるような、人々が家の階段に腰を下ろして道路を見ている下町では、自然な監視の目が注がれており、それによって安全が保たれていると主張しました。それに対して人工的な街は、人の自然な監視の目が注がれにくいことを指摘したのです。ところが、当時、彼女の主張は相手にされませんでした。

それが変わるきっかけになったのは、セントルイスにつくられたプルーイット・アイゴー団地です。ここもとはスラム街で貧困地帯でしたが、安全な地区にしようという発想で高層マンションを建てました。これを設計したのがミノル・ヤマサキさんという、9・11テロで破壊されたニューヨークの世界貿易センタービルを設計した建築家です。

団地ができた当初は素晴らしいデザインだと好評だったのですが、困ったことに犯罪が激増してしまいました。すると、そこに住んでいる人もどんどん離れていき、空室率が急上昇しました。空き家が多くなればなるほど犯罪も増えるという悪循環で、結局、団地を維持できなくなり、最後は爆破解体されてしまったのです。

それをセントルイスのワシントン大学から見ていたのがオスカー・ニューマンという建築家兼都市計画の学者でした。彼は、ジェイコブズが言った通りになったと指摘しました。一見、人工的な街は非常にきれいですっきりしていていいのですが、結局、犯罪が増えてしまったのには何か原因があるに違いないと研究を始めたのです。

やがて彼は、建築や設計、都市計画といったものが犯罪の増減に影響することを指摘した『防犯可能な空間―防犯都市計画』（1972年）という一冊の本を著しました。

この理論が犯罪機会論のハード面の基礎をつくったと言われています。日本では「防犯環境設計」と言います。犯罪学とはまったく異なる建築の分野から始まったのが、この犯罪機会論だったというわけです。

当時、犯罪学者は、相変わらず犯罪原因論をベースに研究を行っていました。人間が罪を犯すには、何か犯罪者自身に原因があるはずだという考えのもとに犯罪を考察していたのです。建築や建設、街づくりといったものが犯罪に影響するという発想がなかったので、犯罪学者は建築の学者から指摘されてはじめて、環境が犯罪に及ぼす影響というものを考え始めたと言えます。

少年院の構造が少年を脱走に向かわせる

一方、イギリスで犯罪機会論が立ち上がるきっかけとなったのは内務省でした。内務省内の研究グループでは、犯罪原因論によって、どうすれば犯罪を防げるかを研究していました。とくに再犯防止プログラムの開発に力を入れていたのです。

そこで研究対象になったのが非行少年院の逃走件数についてです。非行を犯して少年院に入っている少年が逃げようというのですから再犯です。これを研究するのが、再犯のメカニズムを知るのに最適だろうと考えられたのです。

再犯をする人間はいったいどんな思考でそうした行動に至るのかを研究した結果、逃走を企てた少年の性格や人格には共通する傾向がないことがわかりました。犯罪原因論では、原因を特定できないと対策は立てられません。この研究は失敗に終わりました。

しかし、この研究で、しばしば逃走を企図される少年院と企図されない少年院には違いがあることが浮き上がってきました。つまり、少年院の建物や敷地のレイアウトといった構造そのものが、少年に逃走を企図しやすくさせていたということがわかったのです。言い換えれば、入りやすく見えにくい場所の多い少年院で逃走が多く、入りにくく見えやすい場所の多い少年院で逃走が少なかったのです。

このことに内務省の研究官たちはみな衝撃を受けました。逃走するかどうかは個人のパーソナリティには関係なく、少年院の物理的な造りに起因する可能性があるなどということは、当時の犯罪科学では考えられないことだったからです。

彼らは研究を進め、犯罪学者も、犯罪には環境や場所が影響しているということに気づくようになっていきました。それが、オランダやカナダなどに飛び火した格好で広がっていったというわけです。

犯罪を研究する学者は、犯罪の原因を追究することの呪縛に陥っており、そこから抜け出すことはなかなか難しいのです。まったく畑違いの人から指摘されないと気がつかなかったというわけです。

環境で「心が変わる」

オスカー・ニューマンから始まった犯罪機会論は、その後、アメリカでさまざまな研究論文が発表されました。

たとえば、刑務所の中のさまざまな矯正プログラムを調べた研究者が、更生教育が再犯率に影響を与えているかどうかを研究した論文があります。それによると、ことごとく失敗していると結論づけています。「ナッシングワークス」、つまり何も機能していないと指摘しているのです。

それを知った納税者は、そんなことに税金を使うなと言い出しました。そこでアメリカでは、犯罪機会論に基づく犯罪予防として、刑務所から出所したあとの人間関係など、周囲の環境を変えるということが行われています。

犯罪機会論の考え方では、環境を整備して、状況を変えることによって心が変わることを企図します。出所後の人間関係を変えれば、その人自身を変えることができるのではないかということです。「心を変える」のではなく、「心が変わる」ことを目指すのです。

人はよくも悪くも周りの人に影響されます。自然に周りの人の価値観を模倣してしまうのが人間です。ですから、模倣する相手を変えてやれば、自然にその人の価値観をコピーしてまっとうな人間になっていくという考え方です。

また、再犯の防止には労働環境の整備も必要です。刑務所から出ても仕事がないからまた犯罪を繰り返すのであって、仕事を与えられるような施策を考えていけば、再犯率は下げられるはずなのです。たとえば、元受刑者を雇用した企業には税制の優遇措置をするなどです。現在はボランティア的に良心的な企業が受け入れているにすぎませんから、もっと企業に利益があるかたちにして、雇用を促進するべきです。再犯率を下げれば、それが社会の利益になるのですから、税金を投じて更生教育を行うのと同じことではないでしょうか。

異分野にも応用できる犯罪機会論

仕事や勉強など、なんでもそうですが、やる気があるから頑張れるのは当然のことながら、環境が整っているからやる気になるという面があることもまた確かです。場所がやる気を引き出すということがあります。逆に言えば、環境が犯罪の引き金にもなるということです。環境によって、やる気にもさせるし、諦める気にもさせます。それだけ人間は環境に左右されやすい動物だと言えると思います。

こうしたことがよくわかっている人は、一見、異分野と思えるような自身の仕事に、これを応用しています。たとえば、ある企業で社員に対して労働災害についての教育を行っている担当者から、講演を依頼されたことがありました。最初に話がきたときは、なぜ私にと驚きました。労働災害の専門家ではないからと断ろうとしたのですが、担当者が「労働災害も昔は原因論ばかり追求していた。事故を起こす人の側に問題があるのだとばかり考え、その理由を探ったが、正解を見つけるのは不可能だとわかった。そうではなく、環境を整えることによって労働災害は減らせるはずだということに気がついたのです」と言うのです。

それからは労働災害の分野の関係者を前に講演するということが増えていきました。ホンダの創業者、本田宗一郎氏は、工場をつくるときにはまずトイレの配置から考えたといいます。トイレが遠かったりして不便だったり、汚れていたりすると、仕事のやる気が下がるからというのです。環境というものに強く影響を受けるのが人間なんだということがわかっている人は、いち早くそれをビジネスに活用しています。

犯罪機会論は、実は医学からも学んでいます。医学では治療よりも予防に力を入れたほうが経済的なコストを下げることができ、結局、全体では安上がりです。犯罪においても、「事件が起きてから捜査し、犯人を刑務所に入れて面倒を見るよりも、予防するほうがお金がかからない」と考えられるようになり、犯罪機会論が一気に普及しました。

アメリカもイギリスもかつては犯罪原因論しかなかったため、犯罪者の動機ばかり追究していました。しかし、それでは効率が悪いことに気づいて、切り替えることができたのです。日本でも環境の重要性に目が向けられることが望まれます。

「割れ窓理論」の原点は日本の交番

これまで何度か触れてきた「割れ窓理論」も、考え方の底に流れているものは犯罪機会論と同じです。

割れ窓理論が登場するのは、オスカー・ニューマンが犯罪機会論の基礎を築いてから10年ほど後のことです。

オスカー・ニューマン以降、さまざまな理論が提唱されました。いろいろな分野の研究者が自分のスタンスでさまざまなことを提唱したのですが、基本のところはみな同じ、犯罪の機会について述べていたので、時間とともに犯罪機会論という大きなくくりに集約されていったのが理論成立の経緯です。

そんな中でハーバード大学研究員（後にラトガース大学教授）のジョージ・ケリングが１９８２年に発表したのが「割れ窓理論」（Broken Windows Theory）です。ケリングはかつて日本を訪れたときに、後に割れ窓理論発案のきっかけとなる場面に遭遇します。日本の警察を研究していた彼が注目したのは交番でした。

アメリカの警察署にいる警官の仕事は、犯罪者を捕まえることでした。このときアメリカはまだ犯罪原因論が主流ですから、犯罪者を刑務所に送り込むことさえできれば、犯罪はなくなるという考えです。

ところが、日本に来て交番を観察してみると、警官らは犯罪者を捕まえるだけではなく、地域住民と会話したり、子どもや老人を助けたりしていることに気づきます。そのうち交番こそが日本の治安を守っていることに気がつくのです。

つまり、交番は犯罪原因論ではなく、犯罪機会論で成り立っていることに気がついたのです。起こった事件を解決するためではなく、警察官が地域に出ていき、地域の環境を整えることによって犯罪を未然に防ぐのに役立っているというわけです。

交番は警察組織でありながら、コミュニティーセンターのような機能があります。警察から地域住民に対して犯罪の情報を流す教育センターであり、地域住民からさまざまな地域の情報を集約して上に上げる情報センターのような役割も果たし、地域をまとめています。警察官はさながら地域コーディネーターのような存在です。

ケリングらはこうした見識をアメリカに持ち帰り、アメリカの警察に提案しました。パトカーで回るだけではなく、実際に地域を歩いて顔を見せなさい、ということです。

そして、地域のささいな乱れやほころびを見つけたら、それをいち早く直すこと。そうすれば犯罪も起こらない、ということが理論的にも実証されるようになっていきました。つまり、凶悪犯罪までエスカレートをする前に、その芽を摘んでおこうという発想です。暴発しそうな人を見つけたら、「まあまあ落ち着いて」と言って交番で話を聞いてやることでそれを未然に防ぐことができます。「あの人のこと、気にかけてあげてね」と地域の人に言って回る、そうして地域の力を使うことが大事なのです。

軽微な犯罪をなくせば重大な犯罪も減る

ケリングのそうした発想を確信レベルにまで押し上げたのが、アメリカの社会心理学者フィリップ・ジンバルドーの論文でした。ジンバルドー自身は「監獄実験」（被験者グループを看守役と囚人役に分け、それぞれどんな行動をとるかを観察した心理実験）で有名ですが、ほかにも興味深い実験をしています。それは、町の中に車を放置するとどうなるかを検証したものです。

最初に、どこも壊れていない比較的きれいな車を放置しましたが、何も起こりませんでした。ところが、車のフロントガラスを割って放置してみたところ、堰《せき》を切ったように タイヤや部品が盗まれてしまいました。同じ場所に車を放置したのに、車の一部が破損しているかどうかで盗まれるかどうかが決まってくることがわかったのです。

彼は社会心理学者の視点から、窓が割れているかどうかが人々にどんな心理的影響をもたらすか調べたかったのです。結果、窓が割れていると、盗むという行為の心理的障壁が一段下がることがわかりました。「もう使わない車なのだろう」とか、「みんなやっているのだから、俺だってやっていいだろう」という心理が働くのです。ということは、ガラスが割れたらすぐに修理をすれば、部品が盗まれるのを防げるということです。

こうした研究を踏まえて発表されたケリングの割れ窓理論は、ニューヨークの交通警察の責任者だったウィリアム・ブラットンという人の目に留まりました。

ニューヨークの市営地下鉄は当時、治安が悪いことで知られ、強盗が多発していました。これを改善しようと、ブラットンは市営地下鉄の責任者を説得して作戦を実行することにしました。当時のニューヨークの地下鉄はいたるところに落書きされていましたので、まずそれをなくすことを考えたのです。

落書きだらけだったニューヨークの地下鉄（1976年）

「書かれたらすぐに消す」を繰り返すうち、落書きが皆無に（2003年）

落書きされた電車はそのままにしておかないで、すぐに車庫に戻して落書きを消すようにしました。最初は、何度も消しては、そのたびに書かれるというイタチごっこが続きましたが、粘り強く消す作業をすることで、だんだんと落書きは減っていきました。落書き犯人の動機は2つあります。自分で書いた落書きを友だちに見せて自慢することと、自分で見て自己満足することです。落書きがすぐ消されると、自分で書いた落書きを見ることができないので、落書きをするモチベーションがどんどん下がります。結局、5年間で落書きはまったくなくなりました。

次にブラットンらが行ったのは無賃乗車の取り締まりです。アメリカの駅にも日本と同じように自動改札機がありますが、それまではバーの上を跳び越えるなどして無賃乗車をする輩が大勢いました。これを徹底的に取り締まることにしたのです。

逮捕されると拳銃を押収されます。無賃乗車しただけで拳銃まで取られたくないと、犯罪者は拳銃を家に置いてくるようになりました。すると、強盗をしたくても拳銃がないのでできません。これでニューヨーク地下鉄における拳銃の押収量が激減し、強盗件数はわずか5年間で半分になりました。拳銃を取り締まるのではなく、無賃乗車を取り締まることで強盗が減ったのです。

この成果に注目した当時のニューヨーク市長ジュリアーニは、ブラットンをニューヨーク市の警察本部長に引き上げ、市全体にこの「割れ窓理論」に沿った街の管理を行っていったのです。

効果はてきめんで、治安は劇的に改善。それまで減っていたマンハッタンの人口は回復し、活気を取り戻すことができました。いまでは五番街にはブランドショップが立ち並び、アップルやディズニーのショップもできるなど、人が大勢集まる街になりました。アメリカでも最も安全な街のひとつに数えられるほどになったのです。

こうした考えはアメリカのほかの街の治安維持にも応用されました。空き家の割れた窓を放置せずにすぐに直したり、落書きされたらすぐに消すといったことを積み重ねていけば、窃盗や強盗といった犯罪を防ぐことができる。ニューヨークの成功により、こうした小さなほころびを改善していくことが、ひいては凶悪事件の防止にもつながると認知されるようになったのです。

高い住民力が治安を守る

いまニューヨークにはＢＩＤ（ビジネス・インプルーブメント・ディストリクト）という、割れ窓理論をベースにした制度ができています。これは日本で言う商店街振興組合のようなもので、それを各地区に設立して地域のマネジメントを任せています。

マンハッタンに行くと、ＢＩＤと書かれたユニフォームを着た人たちが街を歩いているのに気づきます。このＢＩＤは、やることが日本の商店街振興組合とは違っています。彼らはお客さんをいかにたくさん呼ぶかではなく、警備と清掃によって犯罪を減らすことを考えています。警備をすることで人の目があることを周知させ、ゴミを拾うことで割れ窓理論を実践することは、軽微な犯罪の芽を摘む効果があります。ＢＩＤが活動することで、監視の目が増えて街がきれいになり、犯罪をしにくい街になったのです。きれいで治安のよい街には自然と人が集まりますから、当然商売のチャンスも大きくなって、いいことづくしというわけです。

ニューヨークの成功が伝わってからは、日本でも割れ窓理論が知られるようになり、清掃に力を入れようといった地域の活動も増えてきています。これは非常によいことですので、さらなる広がりを期待したいところです。

ただし、割れ窓理論が正しく認識されていない地域もあるようです。

割れ窓理論の本質は、地域のほころびや乱れをいち早く修繕することで、「地域の目が光っているぞ、ちゃんと管理しているぞ、だから犯罪をしたらすぐに通報するぞ」というメッセージを発することです。

したがって、落書きを消したり、割れた窓ガラスを修繕するのは、地域の人がやらなければ意味がありません。しかし、こうした作業を委託業者にやらせているところもあるのです。

落書きさえ消せばいい、ゴミを拾いさえすればいいのではなく、地域住民がこれをやること自体に意味があります。そこを理解せずに、住民力も、関心度も上がっていないのに落書きだけ消して「ちっとも犯罪が減らない。割れ窓理論は正しくない」と言う人がいます。しかし、肝心なのは「ここは地域の人によって管理されているな」と感じられる雰囲気が出ていること。それによって犯罪者は犯行を思いとどまるのです。

空き巣犯は、家を物色する前に地域を下見するといいます。地域の住民力の高いところでは通報されるリスクが高まるからです。地域の住民力が高いということは、自分が住んでいる街に対する関心が高いということです。

それはどこに現れるかというと、街の雰囲気です。窓が割れている空き家が多かったり、ゴミを出す日が守られていないために収集場所付近にゴミが散乱していたり、花壇に雑草が生え放題だったりすると、地元に関心がない住民が多い地域だというメッセージになってしまいます。

そこの意識改革と行動の併用が、落書きがあったその場所だけではなく、それ以外の所にも波及していくというのが割れ窓理論です。落書きを消し、ゴミを拾う人たちの意識が上がっていくことで、さらなる防犯の効果が期待できるのです。

日本人における「ウチ」意識

海外に比べて日本は安全であったがゆえに、防犯意識が高まらず、犯罪機会論もいまだに普及しない現状となっていることはすでに述べた通りですが、日本人の防犯意識の低さは、日本人特有の気質にも理由がありそうです。

携帯電話での通話を電車内で禁止しているのは、日本ぐらいであることはご存じでしょうか。諸外国では車内での通話は禁止されておらず、人々はごく普通に電車内で会話をしています。

日本ではかつて携帯電話が普及するにつれて、乗客から鉄道各社に「車内通話がうるさい」という苦情が殺到したからというのが車内での通話禁止の理由です。「車内通話がうるさい」ということは、車内でもリラックスして過ごしたいという意識の裏返しです。日本人は電車内でも自宅のリビングのようなリラックス空間を望んでいるのです。

諸外国ではバスや電車には監視カメラがついていますが、日本では例外的につけられている一部の列車以外、基本的についていません。議論はされても、最終的には「プライバシーが損なわれる」という理由で監視カメラの設置が見送られることがほとんどです。電車内は公共の場所ですから、諸外国のスタンダートからすれば問題はないのですが、日本だとプライバシーの問題が持ち出されるのはやはりリラックスしたいからなのでしょう。これは安全神話のある日本特有の意識です。

日本人にはこうした「ウチ」意識を公共の場所にも持ち込んでしまうというクセがあ

ります。だからこそ、電車でロングシートの座席で横並びに座っているときでもおにぎりやハンバーガーを食べ、化粧をし、泥酔状態で熟睡してしまうのです。

しかし、諸外国では家から一歩出たら、いつ犯罪に巻き込まれるかもわからないと常に緊張状態でいますから、電車内でリラックスすることはあり得ません。

これには地政学的な理由も関係しているのかもしれません。ヨーロッパや中国に行くと、街の境界を一周する城壁がいまも高くそびえたっているのに気づきます。常に他民族からの侵略の脅威があった大陸の国々では、街全体を囲んで城壁都市を築くしかなかったのです。

ところが、周りを海に囲まれている日本では異民族による大陸からの脅威がなかったため、城壁都市をつくる必要はありませんでした。日本人の公共の場所での無防備さは、こうした地政学的な要因にも支えられて、現代の私たちにも受け継がれていると言えます。

海に隔てられた安全性はもはや遠い過去のものでしかありません。いまや日本も、安全神話から世界のスタンダードへと防犯意識を切り替えるときに来ています。日本人特有の「ウチ」意識は、世界の非常識であることを知り、自身の防犯意識を高める動機づけにしてほしいと思います。

おわりに

本書を読んで、子どもの安全のために親や保護者、地域住民ができることはたくさんある、ということがおわかりいただけたのではないでしょうか。

犯罪が起こりやすい場所は、景色を見ただけでわかること、そして、その見分け方をお子さんに教えてあげてください。さらに、危険な景色を改善していけば、子どもを犯罪から一層遠ざけることができます。実際に、犯罪機会論を学んだ人たちが地域を改善した事例は、着実に増えています。

次ページの写真は、見えにくい公園から、見えやすい公園へと改善された例です。かつては、遊び場の手前に築山があったため、子どもの姿が「見えにくい」場所でした。しかしその危険性に気づき、築山が取り除かれたので、いまでは遊び場がよく見えます。

これによって子どもの連れ去りや子どもへの性的行為が予防できた、とするのは言い過ぎでしょうか。たしかに防犯は、すでに起こった犯罪に対処する場合より効果が見えにくいものですが、この公園のような取り組みを続ければ確実に犯罪が減っていくことは、海外の例を見ても明らかです。

また、ひとたびこうした考え方を知っていただければ、すぐにでも実践できるのが犯罪機会論の優れたところです。ぜひお子さんの防犯だけでなく、ご自身の被害防止や地域ぐるみの防犯活動にも役立ててください。未来への視界が良好になることを願ってやみません。

著者

編集協力　岸川貴文、小林潤子
本文DTP　若松 隆（株式会社ワイズファクトリー）
図版作成　タナカデザイン
イラスト　吉田しんこ
本文写真　著者提供

小宮信夫

こみや・のぶお
1956年東京生まれ。立正大学文学部教授（社会学博士）。ケンブリッジ大学大学院犯罪学研究科修了。国連アジア極東犯罪防止研修所、法務省法務総合研究所などを経て現職。「地域安全マップ」の考案者でもある。現在、警察庁「持続可能な安全・安心まちづくりの推進方策に係る調査研究会」座長、東京都「地域安全マップ指導者講習会」総合アドバイザーなどのほか、全国の自治体や教育委員会などに、子どもを犯罪から遠ざける防犯アドバイスを行っている。『犯罪は予測できる』（新潮新書）など著書多数。

小学館新書 260

子どもは「この場所」で襲われる

二〇一五年十二月六日　初版第一刷発行
二〇二四年九月八日　第七刷発行

著者　小宮信夫
発行人　五十嵐佳世
発行所　株式会社小学館
〒一〇一―八〇〇一　東京都千代田区一ツ橋二―三―一
電話　編集：〇三―三二三〇―五一四一
販売：〇三―五二八一―三五五五

装幀　おおうちおさむ
印刷・製本　中央精版印刷株式会社

Printed in Japan　ISBN 978-4-09-825260-2

小学館新書

好評既刊ラインナップ

241
「魔性の女」に美女はいない
岩井志麻子
幸せなはずの「結婚」が保険金殺人や詐欺などの事件を生み、日常に数々の不幸を引き起こす。男は愚かで女は怖い。人気ホラー作家による実録・男女論。

248
嫉妬をとめられない人
片田珠美
できる人ほど意地悪される――他人の妬みから身を守るにはどうすればいいか。自分が嫉妬する側になったときには？　人気精神科医が詳しく解説。

249
私たちの国に起きたこと
海老名香葉子
林家一門のおかみさんとして生きてきた著者が、自身の体験を通して伝える東京大空襲の真実。日本人の苦悩と再生を綴る感動のノンフィクション。

250
スクールカーストの正体
キレイゴト抜きのいじめ対応
堀　裕嗣
今、子どもたちに何が起きているのか。現役中学校教師が、学級内の階層を決定づける要因や、現代型いじめの背景を読み解き、生きた対応を提言する。

253
「日本の四季」がなくなる日
連鎖する異常気象
中村　尚
巨大台風、集中豪雨――異常気象が頻発しているのはなぜなのか。気象研究の第一人者が、気候変動のメカニズムと、今後の予測をわかりやすく解説。

256
あぶない一神教
橋爪大三郎
佐藤　優
キリスト教世界とイスラム教世界は、なぜこうも激しく対立するのか。日本人が知らない一神教のルールとは？「世界の混迷」を解き明かす白熱対談。